Traversées des Limbes

Jean-Christophe Heckers

Traversées des Limbes

© 2015 Jean-Christophe Heckers.
Illustration de l'auteur.

Édition : BoD - Books on Demand
12/14 rond-point des Champs Elysées
75008 Paris.
Imprimé par BoD – Books on Demand, Norderstedt.
ISBN : 978-2-3220-1731-7.
Dépôt légal : mai 2015.

Ces petites Choses..7
Presque Rien..11
Passages..27
Perpetuum Mobile...41
Encre de Chine..63
La Roseraie...75
Festina Lente...83
Le Maître...89
Dies Irae..107
Passacaille et Fugue pour piano et orchestre, opus 106...113
Peut-Être...121
Œdipe au Labyrinthe...................................149
Arithmétique des Limbes............................169
Ultima Ratio Regum...................................187
Transfiguration..195

CES PETITES CHOSES

Non. Excusez-moi. Pardon. Je... je ne devrais pas, mais en fait... Si ? Vraiment ? Pourquoi pas. Ma foi, il y a des moments où on devrait ne rien dire. Je pensais que c'en était un. Parce que vous sembliez attendre quelqu'un.

Oui, bien sûr, moi aussi, mais moi je ne fais que *sembler*. Je veux dire, j'attends, et je ne sais pas vraiment quoi. Sans doute quelque chose sans importance. Je ne voulais surtout pas vous déranger, comprenez-vous ? J'étais là, vous étiez là, et nous attendions. Bref.

Vous savez, si je me suis adressé à vous, c'était pure innocence, je n'avais aucune intention, ni bonne ni mauvaise. Bien sûr, vous ne me croyez pas, pourtant c'est vrai. Mais excusez-moi. Je vais me taire.

*

Vous avez un très beau regard. Non, non, je suis sérieux. Un regard qui attend. Un regard tout de même plein de petites choses pas très amusantes. Des petites choses un peu tristes. Remarquez, ça ne gâche pas votre charme.

Vous souriez. C'est déjà ça. Et vous me trouvez sympathique ? C'est que vous ne me connaissez pas. Nous n'avons pas échangé plus de quelques phrases. Avec un peu de temps, vous en viendriez à me trouver franchement détestable. Je vous l'assure. Quand on me fréquente assez longtemps, on ne désire plus que mon absence. C'est véridique, il faut me croire.

*

Je vous plais ? Voilà qui est inattendu. Il me faut bien confesser que vous n'êtes pas désagréable non plus. Sinon, je serais sans doute allé patienter un peu plus loin. Vous dites que ç'aurait été dommage ? Ma foi, je n'en sais rien. Peut-être qu'il aurait mieux valu.

Mais je crains de devenir importun. Vous attendez quelqu'un. Je ne voudrais pas gêner. Cette personne pourrait arriver et me considérer d'un mauvais œil.

Comment ? Vous n'attendez personne ? Comme moi, en somme. C'est assez drôle. Nous attendons en n'attendant rien. Pas vraiment rien, dites-vous ? Ah, je ne comprends pas, mais je crois que c'est sans importance.

Vous confirmez. C'est bien. J'aime qu'on soit d'accord avec moi. Ça me sécurise. Non, non, je plaisante, bien sûr.

*

Oui, c'est vrai, il fait un peu frais. Nous serions mieux au chaud. Et il y a du vent. Heureusement, il ne pleut pas. À la radio, ils annonçaient des averses, et puis finalement non. Ils se trompent toujours. Remarquez, en cette saison, ce n'est pas étonnant.

Vous voulez marcher un peu ? Alors je ne vais pas vous retenir. Si je veux vous accompagner ? Pourquoi pas. Où allons-nous ? Vous avez raison. Peu importe.

J'aime bien votre voix. Douce. Mélodieuse. J'aime beaucoup.

*

Tiens, il commence à pleuvoir. Comme quoi, à la météo, ils peuvent aussi parfois avoir raison.

Excusez-moi, mais je ne comprends pas. Chez moi ? Quelle idée saugrenue. Chez vous ? Excusez-moi, mais je ne comprends toujours pas. Ce n'est pas la peine de vous énerver ! Je vous ai fait perdre votre temps ? Allons, vous n'attendiez *rien*. Vraiment, je ne comprends… Au revoir, donc. Je vais attendre encore. Attendre pour attendre. Comme c'est amusant. Alors bonne nuit. Au revoir. Ou adieu. Adieu.

Presque Rien

Elle pliait et dépliait ses doigts. Les yeux perdus sur la ligne d'horizon. La plage était désertée. Trop de vagues. Océan trop sale. Ou autre chose.

Elle se tourna un peu : j'avais osé tousser. Puis elle reprit son observation.

« Il est encore là », murmura-t-elle en aparté. Assis sur le même rocher. Comme les jours précédents. Toujours à la même heure. Et comme les jours précédents, à la même heure, elle était venue s'asseoir là pour l'observer. De loin. D'assez loin pour qu'il ne demeurât qu'une silhouette.

J'allais me lever, mais elle m'ordonna de ne pas bouger. Ton cassant. Peut-être imaginait-elle que le moindre mouvement le ferait fuir.

*

Des nuages rasaient les flots au large, bloc de ténèbres parcouru d'éclairs. La chaleur était étouffante mais ne semblait pas la déranger. Elle pliait et dépliait ses doigts. Elle l'observait. Elle voulait que je sois là pour l'observer, elle, l'observant. J'ignorais pourquoi. C'était le jeu sérieux qu'elle avait choisi d'inventer et auquel il ne m'était pas permis de me soustraire.

Un groupe d'enfants passa. Trop de mouvements et de cris. Elle cilla, ses mains se crispèrent. Ils disparurent. Elle but une gorgée d'eau en me regardant en coin. « Ça ne te plaît pas. » L'évidence. Je soupirai et me levai. Quelques pas. Je regardai vers la plage. Il descendait du rocher, s'apprêtait à lentement repartir vers le sud. Je m'éloignai en sens inverse, en direction de l'hôtel.

*

Ce soir-là je tentai d'écrire une lettre. Mais la tâche était impossible. Je ne pouvais pas évoquer des vacances qui se passaient bien. Tout allait de travers. Le temps était impossible. Elle était impossible. Les gens aussi.

Une fois de plus, elle avait mangé seule. Ma présence l'offusquait. Elle avait attendu que j'aie terminé avant de gagner le restaurant. Nous nous étions croisés dans l'escalier et elle ne m'avait même pas adressé un regard. Il était devenu habituel qu'elle prenne ses repas sans moi. Je ne me souvenais plus depuis quand. Quelques mois plus tôt. Peut-être bien un an.

L'orage grondait plus loin sur la côte, tardant à s'évanouir. Enfermé dans ma chambre j'écoutais les échos de plus en plus lointains du tonnerre en m'efforçant de rédiger une lettre à ma sœur. Je le recommençai plusieurs fois avant d'abandonner. J'appellerais. Au téléphone, les mots sembleraient peut-être moins faux.

*

Bien plus tard je redescendis. Elle n'était pas dans sa chambre. Elle n'était nulle part. Mais je ne la cherchai à vrai dire pas. Je sortis. La marée descendait. Ligne blanche et mouvante des vagues, indistincte, lointaine.

J'allai sur la plage. De l'autre côté de la baie tremblaient les lumières de la ville. Le phare trouait l'obscurité. Je m'assis sur le sable. Un navire passait au loin. Sur la jetée derrière moi une famille se promenait. Des Américains échoués là par je ne savais quel hasard. Ils riaient beaucoup. Ils avaient l'air heureux.

Je me relevai. Me mis à marcher. Passai à côté des rochers qui faisaient une tache plus sombre. Plus loin le chemin bifurquait et s'engageait entre les dunes. En suivant la plage, je pourrais aller jusqu'à la presqu'île. Elle se promenait souvent dans cette direction. Je préférai rester sur le sentier.

Sur ma gauche je voyais des voitures passer à toute vitesse sur la route, qui allaient faire demi-tour sur l'aire de stationnement, avant de repartir aussi vite en sens inverse. Le même manège se répétait chaque soir.

Je revins sur mes pas. J'étais épuisé. Devant moi la silhouette massive de l'hôtel masquait les derniers éclairs qui fusaient au loin. Je regagnai ma chambre. Elle n'était pas rentrée.

*

Au matin, je la trouvai à son endroit habituel. Elle peignait. Depuis plusieurs jours elle disait qu'elle ferait un tableau. Ou prendrait des photos. C'était une jeune photographe pleine d'avenir, quelques années auparavant. Mais très vite, sans raison, elle avait tout arrêté. J'avais eu le droit de prendre soin de l'appareil. Je m'en servais parfois. Rarement.

Elle n'avait pas pris son petit déjeuner. Je ne m'en étonnai pas. Ce serait inutile, et je n'étais pas autorisé à discuter ses actes. Tacitement je respectais depuis toujours l'interdiction. Je lui dis juste que je serais absent pour le reste de la journée. Elle me regarda avec soupçon, sans rien répondre.

Jour légèrement brumeux. Doux. Ensoleillé. Insipide. J'avais besoin de m'éloigner. J'irais au bout de la presqu'île. L'aller-retour me mènerait sans hâte jusqu'au soir.

Avant de partir, je regardai l'ébauche sur la toile. L'océan. La plage. Les rochers. Et une silhouette assise sur le plus haut de ceux-ci. J'aurais dû savoir qu'il ne pouvait y avoir d'autre sujet.

*

Je fus de retour bien trop tôt. J'avais marché rapidement, profitant durant la matinée d'un soleil légèrement voilé. Dans l'après-midi les nuages étaient revenus. Le vent portait des odeurs pénétrantes de sel et de vase. Malgré le ciel couvert, la chaleur s'était lentement accentuée jusqu'à devenir presque insupportable.

Lorsque je regardai ma montre, je m'arrêtai net. J'étais si près. C'était l'heure où il allait quitter son rocher. Où elle le regarderait disparaître. Je pensai qu'il emprunterait sûrement le même chemin que moi. Que nous allions fatalement nous croiser. Il ne faudrait surtout pas qu'elle le sache. Il était cette silhouette qu'elle contemplait de loin. Qui ne devait rester qu'une silhouette.

Des fortins à moitié ensablés émergeaient au milieu des dunes. J'allai grimper sur l'un d'eux et m'assis. Ainsi étais-je légèrement à l'écart. Ainsi pouvais-je espérer ne jamais le voir de plus près qu'elle.

*

Il ne passa pas par le chemin habituel, mais arriva d'un peu plus haut, d'un autre ensemble de ruines. Je l'aperçus en descendre, espérant quelques instants qu'il obliquerait sans me voir. Il poursuivit, leva la tête. Je ne bougeai pas. Il était désormais trop tard.

Il marchait plus lentement. Je me sentais observé. Jaugé. Il passa sur ma droite et alla se poster devant l'entrée ensablée d'un petit bunker qui, légèrement incliné, semblait être en train de sombrer dans le sable. Il me regarda. De la main droite il déboutonna lentement sa chemise, et ainsi je sus ce qu'il était venu faire là, et ce qu'il croyait être la raison de ma présence. Je secouai la tête. Me levai. Il pénétra par l'ouverture et disparut dans la pénombre.

Je m'éloignai rapidement, partagé entre la colère et le rire. Le rire l'emporta. La colère n'avait aucun sens. Je m'étais irrité de sa méprise. Et du fait qu'il comptât tant pour elle, alors qu'elle ne le connaissait même pas. Le rire me délivra. Tout cet absurde jeu prenait subitement une tournure inattendue. Je pourrais peut-être y gagner. Mais c'était encore indistinct.

*

Un autre jour. Elle jouait son jeu, désormais je jouerais le mien. Je disparaissais durant l'après-midi et allais m'asseoir à l'endroit où il m'avait surpris. Le deuxième jour il était passé sans faire mine de me remarquer. Le troisième ma présence l'avait intrigué. Ou plutôt, il me sembla qu'il croyait qu'il ne faudrait pas me brusquer. Il s'était mis à l'écart. Le quatrième, il m'avait franchement abordé.

*

Je jouais mon jeu. Elle le sien. Quoi qu'il en soit, il n'y aurait qu'un vainqueur. Ce devait être moi. Les manches précédentes avaient été en sa faveur. Il était temps que ce fût mon tour.

*

Elle peignait toujours. Mais la figure centrale du tableau demeurait floue. Encore seulement une esquisse. Presque rien.

Nous ne nous parlions plus. Ça n'en valait pas la peine. Je partais le matin, très tôt, après un petit déjeuner rapide, et ne revenais que pour le dîner. Je me familiarisai vite avec l'appareil. Je m'exerçai avec acharnement durant quelques jours puis fis provision de pellicules noir et blanc. J'étais prêt.

*

Il accepta rapidement de se faire photographier. Je commençai par des portraits. Il avait des yeux d'un bleu délavé qui irradiaient, que les mèches de sa chevelure blonde indisciplinée venaient souvent cacher, donnant à son visage une apparence paradoxale de pureté perverse. C'était parfait.

Les nuages avaient laissé place à un ciel d'une dureté implacable. Chaque matin était une extase d'or. Je jubilais mais sans le montrer, car elle ne l'eût pas supporté. Son humeur était maussade. Le premier tableau était un échec et elle l'avait jeté sur la plage. Il eût fallu que le ciel restât le même. Les couleurs fades des jours précédents lui convenaient mieux. Elle faisait de petits dessins en attendant que le temps se dégradât de nouveau.

Il me semblait parfois qu'elle cherchait ma compagnie. Ou bien une confrontation. Elle devait estimer que mes fuites chaque jour répétées étaient inacceptables. En prenant mon petit déjeuner, quasiment à l'aube désormais, je l'avais vue par deux fois marcher devant les baies vitrées du restaurant, arpenter la terrasse de bois et me regarder furtivement. Mais elle n'osait pas m'aborder de front.

Une série de portraits achevée, il proposa de lui-même d'aller « plus loin ». Je n'en espérais pas tant. Il semblait s'être établi entre nous une relation de séduction un peu trouble dont la limite était clairement fixée : rien qu'avec les yeux. Il croyait sans doute qu'il me plaisait, mais que jamais je n'oserais le toucher. Je le laissais donner libre cours à ses illusions. Durant ce temps les miennes se délitaient.

Au début, il m'avait semblé que toutes ces manœuvres n'avaient pour autre but que de la reconquérir en brisant son fantasme, mais peu à peu il s'avérait que bien autre chose se jouait. Lui ne demandait jamais ce que je comptais faire des photographies. Il s'offrait à l'objectif, ce qui paraissait lui suffire. Sur sa suggestion, les portraits finirent, en une lente transition, par laisser place à des nus. J'espérais qu'elle en pâlirait de rage.

C'était la dernière manche. Je remporterais peut-être la victoire, mais il était trop tard. Je la quitterais. Tout était désormais achevé entre nous. Il n'était que l'instrument de la vengeance, et je n'éprouvais aucun remords à l'utiliser pour parvenir à mes fins. Quoique vengeance ne fût pas le terme adéquat. Je savais juste qu'en voyant les clichés, elle ne pourrait continuer à tenter de peindre cette silhouette lointaine sur un rocher, autour de laquelle gravitaient toutes ses préoccupations, tous ses désirs. Peut-être même serait-elle ensuite incapable de peindre. Tel était mon rêve secret.

*

Août s'achevait lentement. Je pris trois jours pour rentrer sur Paris et développer mes pellicules. Le résultat me ravit. J'effectuai encore plusieurs tirages. Chacun s'accompagnait de doutes, je n'étais plus ni sûr de pouvoir aller jusqu'au bout, ni de le devoir vraiment. Quand je fus de retour, le temps était prêt à se détraquer. Elle peignait comme une forcenée. Je savais désormais que je garderais les clichés pour moi. Que j'avais été pitoyable. Que tout ceci était dérisoire.

Le lendemain, je le retrouvai à l'endroit habituel. Je pris encore quelques photographies de lui, marchant entre les dunes sur fond de ciel comme lacéré de nuages, puis voulus lui montrer les épreuves. Mais il refusa. Il avait compris, je ne savais pas comment, que je ne l'avais pas photographié pour lui, parce que c'était lui, mais pour autre chose qui cependant lui échappait.

Il ne me demanda rien. Il attendait des explications, sans doute, mais je ne me sentais pas le courage de lui faire des aveux. Au bout d'un moment je me levai. « À demain », dis-je. Il me regarda avec une gravité qui ne lui était pas coutumière. « Je serai là ce soir vers neuf heures », répondit-il. Même si ce n'était pas une réponse. Il m'était impossible de refuser. Je viendrais.

J'attendis le soir et dînai rapidement. Au moment où j'allais ressortir, elle surgit de derrière une porte et s'accrocha à moi comme avec désespoir. « Qui est-ce ? » Une voix de petite fille. Je mis quelques secondes à réaliser qu'elle croyait que je la trompais. C'était évident, j'avais dû rencontrer une autre femme. Cela seul pouvait expliquer mes absences. « Qui est-ce ? » cria-t-elle un peu plus haut. Je faillis rire. Elle était ridicule. Je me dégageai doucement. « Tu ne me saliras pas avec une traînée », siffla-t-elle avant de disparaître.

J'allai sans hâte au rendez-vous qu'il m'avait fixé. Elle ne me suivait pas. Ç'avait été ma crainte, mais il était probable qu'elle s'était enfermée dans sa chambre. L'océan avait pris une teinte sinistre. Il y avait peu de vent et les nuages écrasaient tout. La nuit viendrait tôt. Au loin le phare palpitait déjà, imprimant son rythme lent au crépuscule.

Les voitures avaient commencé leur ballet. J'avais fini par comprendre qu'elles s'arrêtaient toutes au niveau des bunkers. Leur occupant descendait. Marchait quelques dizaines de mètres. Cherchait. Trouvait ou pas, puis repartait.

De loin, je l'avais aperçu venir à ma rencontre et nous nous rejoignîmes près des rochers. Je ne m'attendais pas à ce qu'il eût décidé que ce serait là. Il devait savoir quelque chose.

Il parla le premier. Effectivement, il l'avait remarquée. Il se souvenait aussi m'avoir plusieurs fois vu avec elle. Il savait qu'elle se mettait à peindre, chaque jour à la même heure, à la même place, lorsqu'il allait s'asseoir sur le plus haut rocher, et s'arrêtait au moment même où il le quittait. Je devais être jaloux et étais venu le trouver parce que je ne pouvais pas le haïr de loin. Il ne pouvait pas y avoir d'autre explication.

Je ne pouvais pas nier. Au début, il y avait bien eu un peu de jalousie – mais certainement pas de haine. Elle m'échappait et sa présence faisait qu'elle m'échappait encore plus. Mais elle s'éloignait depuis si longtemps que finalement ça n'avait aucune importance. Je ne pouvais plus la séduire. Et, sincèrement, je n'avais pas cherché à le rencontrer. Ç'avait été fortuit. Tout le reste était un enchaînement un peu absurde.

Il écoutait. Vaguement pensif. Je lui confiai que les photographies, au départ, étaient pour elle. Des sortes de cadeaux empoisonnés. Des cadeaux d'adieu, pour fracasser son rêve. Mais en fin de compte, il n'en serait rien. S'il le désirait, je pourrais lui donner les négatifs. C'était une manière de lui demander pardon. J'ignorais s'il allait le comprendre. Mais il répondit tout bas : « Non, garde tout. » En souriant vaguement.

Puis, un interminable silence. Il jouait avec le sable. « Je pars demain », déclarai-je soudain. Il me regarda curieusement. Je m'allongeai, mes yeux fixèrent le ciel, revinrent se poser sur lui. « Je ne peux pas rester. Ce serait ridicule. » Il griffonna quelque chose sur un petit bout de papier qu'il me tendit. Son adresse. « Tu pourras m'écrire. Nous pourrons faire vraiment connaissance. Il serait temps. » Un clin d'œil. Il aurait pu me mépriser. Me détester. Je m'étais préparé à ce que ce fût le cas. J'étais désarmé face à sa réaction. Puis il dit juste : « Tu l'aimes encore », avant de se lever. « Écris-moi, s'il te plaît. » Je promis. Il s'éloigna dans la pénombre en direction de la route et au bout d'une dizaine de mètres se retourna. Hésita. Puis repartit.

*

Le matin suivant il pleuvait. J'avais fait mes valises durant la nuit. Un taxi viendrait me chercher en fin d'après-midi. Je demeurai dans ma chambre, face à la fenêtre, me sentant incapable de sortir. J'étais nerveux. Je m'étais remis à fumer. Ce n'était pas une solution.

Vers midi, le ciel se dégagea. Le vent avait tourné au sud. Je marchai jusqu'à l'entrée des dunes sans oser aller plus loin, restai là immobile de longues minutes avant de rentrer à l'hôtel.

*

Elle prit son déjeuner avec moi. C'était si inhabituel que j'en étais indisposé. Nous échangeâmes quelques mots. Des propos insignifiants.

Elle dormit ensuite un peu, puis je l'accompagnai jusqu'à l'emplacement où elle peignait chaque jour. Nous attendîmes son apparition. Mais quand il fut arrivé, qu'il se fut assis, elle ne toucha pas au tableau. Elle se contenta de le fixer.

Elle pliait et repliait ses doigts. « Il est toujours là », murmura-t-elle. « Toujours, toujours, toujours là. » Assis sur le même rocher. Comme les jours précédents. Toujours à la même heure. Elle s'essuya les mains et se concentra sur la toile. Sa troisième tentative de le saisir, d'aussi loin que possible. Mais elle n'y parvenait pas.

*

D'ici deux heures je serais loin. Elle l'avait deviné. N'avait rien dit. M'avait juste laissé sentir qu'elle avait compris.

Je savais qu'il nous regardait. Debout derrière elle, je levai le bras en un ample geste d'adieu auquel il répondit. Elle regarda ailleurs. « J'y vais », dis-je. Elle se saisit des pinceaux. « Il est très beau, n'est-ce pas ? » Puis un geste de la main. « Non, ne dis rien, je ne veux pas le savoir. » Je restai immobile, interdit. Ainsi elle savait. Elle se tourna vers moi. « Je te laisse l'appareil. Ça te fera un souvenir. » Ses yeux laissèrent transparaître une sorte de joie. Elle ajouta seulement : « Tu vas être en retard », et se mit à peindre.

*

Le taxi attendait. Je chargeai mes valises. Elle était toujours là-bas, sur la plage, penchée, attentive à sa peinture. Il était parti depuis longtemps mais elle poursuivait. J'eus pu croire qu'il ne s'était rien passé. Ou presque rien. Il n'y avait pas eu d'adieux.

*

Je regardai une dernière fois autour de moi et m'installai dans la voiture.

La route longeait un temps la plage avant d'obliquer, contournant les dunes, avant d'obliquer encore, de s'enfoncer vers les terres et d'en rejoindre une autre, qui menait à la ville.

Mon regard se perdait au loin. J'eus voulu revenir en arrière. Je l'aimais encore. Ça ne faisait aucun doute. Mais elle ? Peut-être. Je ne savais plus. Peut-être.

J'aperçus une dernière fois les bunkers. Puis il y eut le long virage qui écartait la route de la côte. Je fermai les yeux, et ne les rouvris qu'en arrivant à la gare.

Passages

Il fallait bien tuer le temps, mais le livre était ennuyeux. Je regardais souvent par la fenêtre. Il ne cessait de pleuvoir depuis le soir précédent, avec de petites variations d'intensité en fonction du vent. C'était un jour d'ombre.

Thomas me regardait. Inutile de lever les yeux pour en être certain. Il s'était assis et ne bougeait plus depuis un long moment, et je savais qu'il me dévisageait. Nous ne nous étions pas adressé la parole depuis la veille. C'était facile : nous n'avions presque rien à nous dire. Dans la chambre, Marc dormait. Du moins l'espérais-je.

Je reposai le livre et me levai. Anna tardait. Elle devait nous rejoindre pour le déjeuner. Peut-être ne viendrait-elle pas. C'était dans sa nature de dire une chose et d'en faire une autre, sans jamais se préoccuper de ce que l'on pourrait en penser. Mais j'espérais sa présence. Si elle ne venait pas, je me hasarderais à sortir, ne serait-ce que pour échapper au regard de Thomas.

Des stries obliques d'eau recouvraient les vitres. On ne voyait pas grand-chose. Bras croisés, je demeurai immobile devant la fenêtre, regard perdu dans le vague, jusqu'à ce que j'entende Thomas approcher. Je me tournai à demi en espérant ne pas prendre un air trop maussade. Il souriait timidement. Son visage trahissait l'épuisement et la nervosité. Je passai une main dans ses cheveux pour écarter une mèche rebelle. Un de ces gestes sans conséquence dont nous étions devenus coutumiers. « Ça ira, dis-je tout bas. Ça ira. Tu vas voir. » Il cessa aussitôt de sourire et je regrettai d'avoir parlé.

Peu après, Anna fit irruption. Elle se déchaussa en me toisant bizarrement et jeta son manteau sur le canapé, à l'autre bout du salon. « J'ai faim », clama-t-elle sur le ton péremptoire qu'elle affectionnait particulièrement. Nous nous mîmes à table. Pendant le repas elle nous dit que l'eau montait toujours. Que les quais étaient impraticables. Que dans son quartier la circulation était insupportable. Que le niveau s'élevait si vite qu'il était à craindre que d'ici deux ou trois jours la Seine ne déborde. Entre deux phrases régnait un silence gêné. Je n'osais pas répondre, même lorsqu'elle exagérait pour me faire réagir. Thomas semblait bouder. Elle nous considérait souvent avec reproche puis se remettait à parler. Ce qui en fait devait bien l'arranger : elle avait toujours préféré discourir plutôt que discuter.

Après le dessert, Anna demanda enfin comment allait Marc. Thomas sembla attendre que je réponde, mais je ne disais rien. Je lui laissai quelques instants – peut-être se déciderait-il. « Je crois qu'il dort », finis-je par murmurer. Elle ferma les yeux et soupira. « C'est bien », répondit-elle. Puis elle cligna des paupières. « Je vais faire du café », fit Thomas d'une voix presque inaudible. Je fronçai les sourcils. « Laisse », répliquai-je en me levant. Je débarrassai la table. Anna pianotait distraitement sur la nappe. Elle ne tarderait pas à poser des questions, auxquelles seul Thomas avait à répondre. Il valait mieux que je m'absente un peu.

Je pris mon temps. Enfermé dans la cuisine, je nettoyai la vaisselle, préparai le café et, tandis que la cafetière crachotait, m'offris une cigarette. J'avais ouvert la fenêtre. Des bourrasques entraînaient la pluie à l'intérieur. Puis, lorsque j'eus jugé leur avoir laissé assez de temps, je revins avec mon plateau. Thomas avait posé un cendrier sur la table à l'attention d'Anna, qui se contentait de jouer avec.

Ils me regardèrent tous deux comme si j'étais coupable de quelque chose. Je servis le café. La pièce manquait de lumière, mais nul n'osait allumer. La pluie battait les vitres – bruit d'une multitude de doigts frappant doucement. Je m'assis à côté de Thomas, Anna nous faisant face. Je devais avoir un air bizarre, car elle se pencha par-dessus la table et me tapota la main. « Thomas m'a tout dit. » Elle sourit. « Tu as bien fait. » Je me demandai si elle n'aurait pas dû s'épargner cette dernière phrase. Mais il me sembla que c'était une invitation à m'expliquer. Expliquer quoi, en fait ? Rien. Marc était venu. Il allait mal. Il avait bu, à l'évidence. Ce n'était pas la première fois. Ce ne serait sans doute pas la dernière. Elle le savait.

Quand j'avais ouvert la porte, je l'avais à peine reconnu. Il avait le visage en sang. Sa veste était maculée de boue. Il avait juste balbutié « Désolé » avant de se mettre à pleurer. Ça avait recommencé. Il s'était violemment disputé avec Thomas, qui avait claqué la porte, et il était ensuite parti errer dans des endroits louches. Je devinais aisément où. Il m'avait déjà fallu plusieurs fois aller l'y récupérer au beau milieu de la nuit. J'ignorais au juste pourquoi Thomas préférait toujours que ce soit moi qui parte à sa recherche. « Tu es comme son grand frère », disait-il. Ce n'était pas suffisant, mais je n'avais jamais eu droit à quelque autre explication. Après tout peu importait. Je ne dormais pratiquement plus depuis longtemps. Depuis la mort de Lydie, qui était la sœur de Marc, auprès de qui je l'avais en quelque sorte peu à peu remplacée. Sans vraiment m'en apercevoir et sans même jamais penser à m'en plaindre. Il était donc parti, avait traîné, avait fait une mauvaise rencontre, et était venu se réfugier chez moi. Thomas, un peu plus tard, m'avait appelé et demandé si Marc était là. Je l'avais fait venir. Peut-être n'aurais-je pas dû. Il n'avait pas bougé du salon depuis bientôt deux jours. Sa présence silencieuse, comme un reproche muet, était peu à peu devenue oppressante.

Parfois, comme en ce moment, je me demandais si Thomas l'aimait réellement, ou s'il tentait de manifester, d'une manière détournée consistant à souligner combien je comptais pour Marc, une jalousie peu compréhensible. Anna m'avait dit que c'était possible, mais sans trop insister, car elle était avant tout la plus proche amie de Thomas et savait rester discrète sur ce qu'il pouvait lui confier – autant que sur ce qu'elle pouvait bien en penser. Il était en tout cas absurde d'imaginer un seul instant que Marc ait jamais tenté de me séduire – ou réciproquement. Absurdité que Thomas avait peut-être du mal à discerner. La gent masculine était tout entière, à ses yeux, une concurrence potentielle. Il n'y avait en revanche rien à craindre des filles – même si Marc avait eu, quoique fugitivement, une liaison féminine près de trois ans plus tôt.

Je me contentai de remuer mon café. « J'ai revu Claire », prononçai-je pour faire diversion. Anna sourit. « C'est une chic fille. » Venant d'elle, ce devait être tenu pour un compliment. Thomas fronça les sourcils. Elle avait allumé une cigarette et regardait monter la fumée. « Qu'en dit Marc ? » Je m'étranglai. C'était une bien drôle de question. « Excuse-moi, je plaisantais », a-t-elle aussitôt ajouté. « Je te pardonne », répondis-je. Ce ne serait peut-être pas le cas de Thomas, capable des pires incompréhensions. Il regardait le plafond comme s'il n'avait rien entendu, suivant des yeux une craquelure qui zigzaguait d'un mur à l'autre. Demeurant longuement silencieux, je pensai à Claire et à sa perplexité quand je lui avais parlé de Lydie et de Marc – quelque chose semblait lui déplaire dans mes rapports avec lui.

« Je vais vous laisser un peu », dis-je finalement. « Il faut que je sorte. » J'allai chercher mon manteau. « Je reviendrai vite. » Anna fumait avec nonchalance. « Ne t'inquiète pas, je garde les enfants. » Un clin d'œil. J'esquissai un geste vague et sortis. Arrivé dans l'entrée de l'immeuble, je pensai qu'il était stupide d'aller me promener en un moment pareil. Comme si je désertais. Je m'en voulais un peu. Comment pouvais-je oser les laisser seuls ? Je haussai les épaules : après tout Anna était là. Elle serait de bien meilleure compagnie pour Thomas. Et Thomas était là pour Marc. Je me décidai à ouvrir la porte. La pluie avait presque cessé. Un miracle, songeai-je. Retourner chercher le parapluie oublié n'était pas nécessaire.

Je marchai jusqu'au Pont Neuf. La Seine grondait sous les arches. Le square du Vert-Galant était submergé, le mot étant encore bien faible. Quelle hauteur d'eau pouvait bien le recouvrir ? Un mètre ? Deux ? Je restai à regarder les remous du fleuve jusqu'à ce que la pluie eût repris. Le vent s'était calmé. On n'entendait presque que des bruits d'eau.

Soudain j'eus envie de parler à Claire, avant de me souvenir qu'elle était partie voir sa mère à Lille. Je pouvais toujours lui téléphoner, mais elle trouverait sans doute que le moment n'était pas bienvenu. D'ailleurs il ne l'était pas. Je me sentais légèrement amer, abattu. La fatigue faisait son œuvre. Puis, constatant que le crépuscule était proche, je fis demi-tour.

Anna était partie. À dire vrai je ne m'attendais pas à ce qu'elle fût restée jusqu'au soir. Elle m'avait laissé un petit mot : *Je retourne chez mon homme. Les bébés roupillent. À plus. Bises.* Thomas somnolait devant la télévision. La porte de la chambre était entrouverte. J'entrai pour voir si Marc avait besoin de quelque chose. Il sourit péniblement. Le pansement qui barrait son front avait été changé, sans doute par Anna.

« Je les ai vus, dit-il. Ils dansaient sans musique autour de moi. Comme un ballet de lumières. Parfois ils riaient. Tout doucement. Ils passaient en me frôlant, chacun leur tour, avant de disparaître. » Je me taisais. Il rejeta les draps et se redressa brusquement. « Ils étaient des centaines. » Ses yeux me fixaient intensément comme s'il voulait être certain que j'allais le croire. « Des centaines, répéta-t-il avec force. Non, plusieurs centaines. Ou des milliers. Je ne pouvais pas les compter. » Après une brève grimace de douleur il se rallongea. « Des milliers de lumières colorées, mais je savais que c'étaient *eux*. » Il y eut un long silence. Thomas s'était glissé sans bruit dans la chambre. Je les laissai seuls et allai préparer le dîner.

Thomas resta plusieurs minutes avec Marc avant de me rejoindre dans la cuisine. « Il délire. Il faudrait appeler un médecin. » J'hésitai. Marc avait insisté. Il n'en voulait pas. Les médecins pouvaient être une intarissable source d'ennuis. « Il n'a pas de fièvre, répondis-je. Il lui faut juste du repos. » J'allai disposer les couverts. « Et puis je ne crois pas qu'il délire. Il fait des rêves un peu curieux, c'est tout. Ça passera. » Serait-ce suffisant pour le tranquilliser ? Sans doute pour un moment. Thomas était pétri d'anxiétés. Il reviendrait à la charge. Ou alors, il garderait tout pour lui et se rongerait les sangs en silence.

Nous mangeâmes sans rien dire. J'allumai la télévision, surtout parce que nous avions besoin d'un peu de distraction. Nous regardâmes un film stupide dont j'eus vite assez. Je me mis devant la fenêtre. Elle me renvoyait un reflet assez déplaisant. Le visage que j'y voyais avait peu changé depuis l'accident de Lydie. C'était celui de quelqu'un qui ne dormait presque pas et qui riait trop rarement. De quelqu'un qui vivait avec un fantôme. Combien de temps cela durerait-il encore ? Bien trop de mois s'étaient déjà écoulés. Naturellement, depuis quelques semaines il y avait Claire. Mais elle était trop fragile, sans assurance, pas assez forte pour lutter contre mon passé et me ramener vraiment du côté lumineux de l'existence. Naturellement, aussi, il y avait Marc.

Thomas s'assoupissait. Je retournai me réfugier à la cuisine. C'était le seul endroit de l'appartement où je m'étais jamais permis de fumer. Lydie consentait du bout des lèvres à ce que j'y satisfasse mon vice, mais je le faisais le moins possible.

Ouvrant la fenêtre, je me souvins de ce qu'elle disait à chaque fois : « Le voilà qui s'apprête encore à raccourcir son existence. » Une cigarette entre les doigts, de la main gauche je me mis à pianoter sur le rebord de l'évier. Je me sentais presque sur le point de me mettre à pleurer. Je cassai la cigarette en deux, la jetai et revins dans le salon.

Marc s'était levé. Dans le pyjama que je lui avais prêté et qui était trop petit pour lui, il avait un air gauche et un peu vulnérable. Une tête de gosse qui aurait des yeux trop sérieux pour son âge. « Tu aurais dû rester couché. » Mais il balaya ma remarque d'un geste. « J'avais trop chaud, et il fallait bien que je me lève un peu. » De la sueur perlait à son front. « Tu sais, tout à l'heure, c'était vrai. Ce n'était pas du délire. » Je ne voyais pas de quoi il parlait. Devant mon air interloqué, il ajouta doucement : « Tu sais bien, les anges... » Je souris. « Je te crois », dis-je. Et c'était vrai.

Il s'approcha de moi, colla son front à la vitre. « Moche temps. » Puis il recula et changea brusquement de sujet. « Je ne recommencerai plus. Je crois que j'ai compris pas mal de choses, ces dernières heures. Tu ne pourras pas t'imaginer à quel point. On ne m'y reprendra pas. » Il fit deux pas en arrière, souriant. « Je retourne dormir. » Il me serra l'avant-bras et s'éloigna vers la chambre.

« Demain c'est lundi, intervins-je, mais tu pourras rester si tu veux. Si tu en as besoin. » Il s'était arrêté. « Merci. » Je me retournai. Il souriait encore. « Peut-être bien que je resterai. » Il m'adressa un petit geste vague de la main et pénétra dans la chambre.

J'allai m'asseoir. Thomas faisait semblant de dormir. Je le laissai croire que j'étais dupe et repris mon livre. Je l'ouvris au hasard. Peu importait la page. J'avais besoin de tuer le temps avant d'espérer dormir un peu. C'était comme ça chaque soir. N'importe quel livre faisait l'affaire, à condition qu'il ne fût pas trop idiot. Je lisais jusqu'à ce que le sommeil me rattrape. À force, j'avais fini par épuiser tous ceux que je possédais. Il m'avait fallu choisir entre m'en acheter d'autres ou hanter les bibliothèques. J'avais opté pour la solution économique.

Je lus une vingtaine de pages, mais c'était comme si les mots n'avaient aucun sens. Je considérai la couverture. Derrida. Ç'aurait pu être pire. Je reposai le livre. Thomas me regardait comme il l'avait fait toute la matinée. Puis, après un bref instant d'indécision, il se leva et alla voir Marc. Il était encore raisonnablement tôt mais, pour la première fois depuis bien des mois, j'avais déjà envie de dormir. Je fermai les yeux. *Dormir, rêver peut-être.*

J'allai préparer la cafetière pour le matin et en régler l'horloge. Même si j'étais éveillé, je ne me levais que quand je l'entendais se mettre en route. Lydie n'avait elle non plus jamais eu besoin de réveil. À elle aussi, le crachotement ténu venant de la cuisine suffisait.

Thomas avait laissé la porte entrouverte, mais je n'entendais aucun bruit. Je voulais leur dire que, s'ils le désiraient, ils pouvaient dormir ensemble. Ce serait aussi bien pour Thomas, auquel j'avais offert l'hospitalité spartiate du canapé et qui n'avait pas réussi à s'y reposer. J'avançai à pas feutrés et passai discrètement la tête par la porte. Thomas était assis au bout du lit, mal à l'aise, et Marc était adossé à la pile d'oreillers que je lui avais installée. Lui seul remarqua ma présence. Il souriait encore. Ça me faisait plaisir. J'aimais le voir sourire. Ses yeux se plissaient alors d'une drôle de façon dont je ne me lassais pas. Lydie avait un peu les mêmes yeux. Malheureusement elle ne souriait pas aussi souvent que lui.

Il toussa. Thomas ne disait rien et se contentait de le regarder. Je comprenais difficilement Thomas. Il y avait en lui quelque chose qui me gênait, qui m'irritait, mais j'avais toujours été incapable de discerner quoi. Peut-être sa façon de manipuler Marc, qui se laissait faire sans réagir, puis régissait avec bien trop de brusquerie. Ou autre chose. Ou tout à la fois. Thomas était certes charmant, mais je ne l'appréciais pas autant qu'il le méritait. C'était sans importance. Sur ce point Marc m'avait depuis longtemps pardonné.

Je m'aperçus qu'il me dévisageait. Thomas jouait négligemment avec un coin de couverture. Je n'osais ni parler ni faire demi-tour. Il m'apparaissait dans ce tableau que j'avais affaire à deux êtres parfaitement étrangers l'un à l'autre. Proches sans l'être. « Deux gamins perdus qui cherchent leur chemin ensemble », m'avait une fois dit Anna. Je n'avais pas compris de quoi elle parlait. Maintenant, sa phrase commençait à devenir plus claire. Mon rôle, à me devenir plus limpide. Dans tout ça, je n'étais pas innocent. Pourquoi venait-il à chaque fois ? À cause de Lydie ? Non. Parce que je le voulais. Parce qu'il savait que je désirais sa présence.

Marc cala mieux un des oreillers, sans me quitter des yeux et sans cesser de sourire, comme s'il avait deviné quelles étaient mes pensées. Je n'osais plus bouger. Thomas regardait dans le vide. Il ne se passait rien et j'étais comme englué. « Je t'aime », chuchota Marc en me fixant avec encore plus d'intensité. Thomas releva la tête et se pencha vers lui pour l'embrasser. « Moi aussi », dit-il.

Perpetuum Mobile

Le ciel s'était subitement refermé et il recommençait à pleuvoir. Laura s'écarta de la fenêtre, bras croisés, hochant la tête comme pour acquiescer à l'orage qui grondait au-dehors. Stéphane, assis, achevait la troisième lecture de la lettre, cette chose impossible qu'ils avaient reçu la veille mais n'avaient osé ouvrir que ce soir. Elle le regarda, attentif aux mots, le front plissé de concentration. Dans ce genre de moment, à la fois drôle et attendrissant, il avait l'air d'un enfant qui apprend ses leçons.

Il était son amant depuis plus de deux ans maintenant, ce dont elle s'émerveillait encore. Avant lui il y avait eu Anton, plus vieux, bien moins beau – aspects sans importance –, mais surtout infiniment tyrannique. Anton ne supportait rien hormis lui-même, et avait paru la tolérer plus que l'aimer – sentiment qui lui semblait particulièrement étranger. Ils avaient très vite commencé à vivre ensemble. D'un jour sur l'autre, à sa grande surprise, elle s'était installée chez lui. Bien plus tard, lorsqu'il lui avait demandé de partir, le soir même elle dormait à l'hôtel. Du moins, devait-elle reconnaître en y mettant une certaine mauvaise foi, n'était-ce pas tout à fait un salaud : il lui avait peu après trouvé de quoi se loger, ultime humiliation qu'elle s'était résignée à accepter.

Puis elle avait regardé s'écouler les mois avant que ne survienne le miracle. Grâce à Stéphane elle s'était subitement remise à vivre. Une sorte de résurrection. Anton lui avait fait perdre goût à presque tout. Il avait fait fuir ses amis. Elle jugeait même, avec une ironie emplie d'amertume, qu'il aurait été capable de faire fuir ses ennemis si elle en avait eu. Anton avait été une sorte de perdition, une noyade très lente et surtout trop longue. Elle avait duré quatre ans. Lorsqu'elle avait rencontré Stéphane, elle vivait dans une stupeur désolée qui, des mois après la rupture, entachait encore la moindre de ses journées. Il l'avait arrachée d'un sourire à la morne succession des semaines et des saisons. Cette année-là elle n'avait même pas pris conscience du passage de l'été et, lorsqu'au beau milieu de l'automne Stéphane était apparu, elle avait refait surface en regrettant le temps perdu.

Il replia la lettre et la posa sur la table. « Je ne comprends pas », murmura-t-il. Et il leva les yeux vers elle, des yeux clairs qui contrastaient singulièrement avec une épaisse chevelure sombre. Elle se frotta nerveusement les mains sans répondre. Elle non plus ne comprenait pas, ou à peine. D'ailleurs elle ne voulait pas s'y risquer. C'était une lettre qu'elle avait tout d'abord redouté d'ouvrir. Comme si elle pouvait receler une malédiction. Elle s'était contrainte à sa lecture. Elle avait alors été soulagée, d'une certaine manière, de ne pas en saisir grand-chose. Toutefois, d'une autre manière, ce n'en était que plus inquiétant.

Elle avait tout d'abord cru que la lettre venait d'Anton. L'écriture ressemblait trop à la sienne. Mais, heureusement, elle était signée de son frère Pavel. Peut-être n'était-il pas si curieux que leurs calligraphies fussent à ce point semblables. Cette similitude signifiait-elle que lui aussi était une manière de tyran domestique ? Elle ne l'avait jamais rencontré. Il vivait au Canada, se souvenait-elle, et venait rarement en Europe. Mais la lettre, postée à Munich, indiquait qu'il serait à Paris sous peu. À la fin de la semaine. Peut-être pourraient-ils se voir ? Le reste était plus ou moins obscur. Plus que moins, sauf sur certains points, et encore y avait-il là toujours bien des zones d'ombre.

Anton n'était plus le même. Doux comme un agneau, avait-elle lu. Et sans mémoire. Il lui en restait certes des bribes. Elle faisait partie de ces fragments qui n'avaient pas été emportés. Par quoi, Pavel l'ignorait. Personne n'avait été clair là-dessus. Ni la police, ni les médecins. Il avait disparu à la veille d'un voyage en Norvège dont le motif demeurait inconnu. Puis il était réapparu, après bien des mois, quelque part au bord d'une route bavaroise, dans des vêtements qui n'étaient pas les siens, avec les papiers d'un autre homme, dont on avait quelques semaines plus tôt retrouvé le corps sur une rive de l'Isar.

Il était réapparu, homme neuf qui ne savait plus rien, mais parlait pourtant désormais un allemand parfait – langue qu'à la connaissance de Laura il avait toujours refusé d'apprendre. C'était comme si le contenu de son cerveau avait été effacé. Mais remplacé par quoi ? Mystère. Il y avait quelque chose d'étrange en lui, hormis cette inversion de son caractère, mais Pavel n'était pas parvenu à déceler quoi. Physiquement, il avait également changé. Plus musclé, hâlé comme s'il avait vécu un certain temps au grand air. Ne demeuraient de certains dans son souvenir que Laura et son adresse. C'était ainsi que Pavel avait pu lui écrire. Pour le reste, Anton parlait sans cesse d'un hôpital vide. D'un couloir sans fin et d'une lumière aveuglante. C'était tout. Et c'était par trop invraisemblable pour qu'il ne s'agisse pas d'une invention de son imagination, bien qu'il y crût à un point tel qu'il se mettait en colère si on se montrait sceptique.

La foudre frappa tout près et Stéphane étouffa un juron. Son regard enveloppa Laura, ses cheveux noirs qui tombaient en cascade jusqu'à ses reins. Elle s'était retournée vers la fenêtre et, immobile, se frottait encore les mains. La pluie redoublait, mêlée de grêle. Son regard s'était perdu dans un ailleurs indéchiffrable. Il reprit la lettre, la relut attentivement, comme si un autre sens devait se révéler, derrière les phrases souvent vagues au français maladroit. Mais il n'y avait rien, semblait-il. Il était inutile d'insister.

Son regard se releva vers Laura. En deux ans, elle avait beaucoup changé. Elle n'était plus le petit animal timide et farouche qu'elle avait été, lui faisant penser à un écureuil. Au début, il avait fallu l'apprivoiser. Ça lui avait pris plusieurs semaines. En partie, elle avait joué à le laisser faire, naturellement pas tout de suite, environ au bout d'un mois, et au départ avec encore une certaine passivité. C'était comme pour se laisser un peu de temps avant de lui accorder totalement sa confiance. Il le savait. L'avait accepté. Ce n'avait pas été difficile. Puis, dès lors qu'elle avait compris qu'avec lui il était inutile de répondre par oui ou non par simple automatisme, selon ce qu'il voulait ou pas, elle s'était métamorphosée.

Elle avait réappris l'usage des peut-être et pourquoi pas, des possibilités ouvertes, ne restant plus confinée dans une routine rigide et obtuse. Stéphane lui avait offert de choisir, sans jamais insister, elle avait soudain eu à prendre des décisions, c'était presque nouveau pour elle, mais même au début elle s'en était plutôt bien tirée. Il lui était apparu que les choses pouvaient être changées, qu'une décision pouvait en devenir une autre au dernier moment sans qu'il lui en coûte. Plus personne désormais ne choisissait pour elle. Cette époque était révolue. Elle avait ses goûts, ses désirs, ses volontés. Parfois, même Stéphane se sentait dépassé, car elle pouvait se montrer plus imprévisible, plus insouciante que lui. Et quand elle affirmait que c'était lui, lui seul, qui avait provoqué cette métamorphose, l'avait menée à son terme, il refusait tout net de la croire. C'était seulement l'absence d'Anton, rien d'autre, qui l'avait changée, ou qui avait permis au fantôme d'une Laura disparue de reprendre chair.

Mais en ce moment précis, elle ressemblait à la femme effacée, peureuse, encore soumise à la tyrannie d'un absent, qu'il avait connue. Ce n'était pas bon signe. Se pouvait-il que persiste quelque influence du passé ? La réponse était évidente. On n'efface rien. Ce serait trop simple. Lui-même le savait assez.

Il se leva, partagé entre le désir d'aller la serrer dans ses bras et celui de la laisser en paix. L'entendant elle se retourna avec lenteur, offrant un sourire triste et presque las. « Que vas-tu faire ? », demanda-t-il à mi-voix. Elle ne pouvait répondre que par un « Je ne sais pas ». Rencontrer Pavel signifiait, sans aucun doute possible, voir réapparaître Anton dans sa vie. Elle ne le voulait pas. Mais d'un autre côté elle se sentait incapable de refuser de le voir, alors qu'après tout elle n'avait rien contre lui – pas encore, songeait-elle. Et il attendait d'elle *quelque chose*. Quelque chose de très important. Il employait même le terme : *vital*. Elle ignorait ce que ça pouvait signifier. Or, pour le savoir, il n'y avait qu'une solution. Comme elle s'y refusait encore, elle répéta « Je ne sais pas ». Stéphane ne dit rien. Il ne s'en sentait pas le droit. Elle irait, il en avait la certitude. C'était la seule chose à faire. Il ne lui donnerait pas tort, même s'il s'agissait d'Anton. Puis elle ajouta : « J'ai un peu faim ». Avec un sourire vague.

Par cette lettre, Anton était revenu, pensa Stéphane, sans savoir s'il allait devoir le haïr pour ça. Mais la haine n'était pas dans sa nature. Cette pensée le fit sourire. Il s'approcha de Laura. Serrés l'un contre l'autre ils regardèrent la pluie tomber, inépuisable. Les éclairs se raréfiaient, s'éloignaient peu à peu. Sous peu, avec de la chance, le ciel s'éclaircirait. Peut-être auraient-ils les derniers rayons de soleil. Puis, comme c'était son tour, il alla faire la cuisine.

Ils dînèrent en silence, bercés par la radio. Elle n'aurait pas dédaigné de regarder le journal télévisé, si l'appareil n'avait récemment décidé que son grand âge était désormais incompatible avec l'insignifiance des programmes. D'un commun accord ils avaient renoncé à le remplacer. La radio offrait au moins l'avantage de ne pas offenser le regard, et parfois de fournir matière à l'imagination. Quel visage pouvait se cacher derrière une voix ? Il leur arrivait de jouer à décrire le physique correspondant. Avec surprise, ils se rendaient souvent compte ensuite que Laura avait vu étonnamment juste.

Plus tard, avant de s'endormir, elle relut une fois de plus la lettre. Pavel arriverait vendredi. Cela aurait pu lui laisser encore deux jours pour réfléchir, mais sa décision était enfin prise. Elle appellerait à son hôtel. Elle le verrait. Il était évident qu'il ne faisait pas le déplacement pour rien et la moindre des choses était de le rencontrer. Même quelques minutes. Soulagée de s'être décidée, elle alla reposer la lettre sur la table du salon et revint se glisser sous le drap. Se tournant sur le côté elle enlaça Stéphane. « J'irai », dit-elle simplement. Il répondit qu'il le savait déjà. Il n'ajouta pas qu'elle devrait se méfier, mais elle nota sa crainte silencieuse. « Je ferai attention », dit-elle encore. Puis elle le serra de toutes ses forces.

*

Le vendredi, ce fut finalement Pavel qui l'appela, depuis l'aéroport. Il ne posa que deux questions, auxquelles elle répondit par l'affirmative, avec une légère hésitation pour la seconde. Ils convinrent d'un rendez-vous le samedi matin, assez tôt, quand l'atmosphère serait encore raisonnablement fraîche et la ville calme. Lorsqu'elle raccrocha elle se sentit bizarre. Ça faisait si longtemps qu'elle n'avait pas parlé tchèque qu'elle en éprouvait un sentiment de malaise. Le tchèque était trop associé à Anton. Depuis qu'il l'avait quittée, elle avait repris son ancien métier de traductrice, mais ne s'attaquait plus qu'à des romanciers polonais faciles et n'avait pas osé retourner à Prague.

Elle se demanda longuement si Stéphane ne devait pas l'accompagner. Ce serait faire preuve de manque de confiance, en elle-même et en Pavel. Il l'avait plusieurs fois assurée qu'elle n'avait rien à craindre – pourquoi ne pas le croire ? Il valait mieux qu'elle aille seule, que Stéphane reste en dehors, qu'il sache seulement où elle serait, et quand. Libre à lui ensuite de venir ou pas – à condition qu'il demeure à bonne distance. Ce dernier détail lui semblait particulièrement important. Ce serait même encore mieux s'il ne venait pas du tout.

Vers midi elle se sentit moins tendue, plus résolue. Elle ignorait toujours de quelles teintes se colorerait ce samedi, mais savait que ce serait de celles qu'elle aurait choisies. Le temps ne la rattraperait pas. En souriant, elle appela Stéphane à son bureau pour l'informer du coup de téléphone de Pavel. Elle lui demanda s'il comptait l'accompagner, et il n'hésita pas à répondre que non, car il avait foi en elle et avait la certitude qu'elle saurait quoi faire. Elle acquiesça en silence. Elle savait même déjà ce qu'elle ferait. Tout le reste de la journée elle imagina ce que serait le samedi, le façonna d'avance. Et s'en trouva pleinement satisfaite.

Un nouvel orage harcela le soir. Stéphane revint trempé et en le séchant elle lui chanta une berceuse morave qu'elle avait apprise il y avait longtemps, durant ses études. Ils rirent beaucoup, firent l'amour et, pensant enfin à dîner, débouchèrent une bouteille d'un vin de Loire. Elle semblait apaisée, sinon mieux : conquérante. Stéphane songea qu'elle ne lui avait pas tout dit, et que la raison pour laquelle elle rayonnait autant devait être surprenante. Mais il n'osa pas lui poser de question. Il savait seulement qu'il ne devait rien craindre. Pourtant, ces dernières heures, ça ne lui avait pas semblé facile.

Enfin ils se réfugièrent dans les plis du silence et du drap, se tenant par les mains, se regardant au fond des yeux, pareils à des enfants sur le point d'échanger un serment. « Demain, dit-elle, tout prendra fin. Il était temps. » Il ne sut pas ce qu'elle entendait par là, mais son sourire était tel que sa phrase n'éveilla chez lui aucune crainte. Juste, irrésistible, une pointe de curiosité. Au bout d'un moment elle ferma les paupières et s'endormit, tandis qu'il la regardait, encore intrigué. Elle souriait dans son sommeil.

*

Vint le samedi, et le matin était éblouissant. Les nuages balayés durant la nuit laissaient régner un infini de bleu, au sein duquel le soleil était posé comme en un écrin. Elle se répéta la phrase en tchèque, en polonais, et la trouva de toute façon idiote. Il faisait beau, simplement. Elle choisit une robe légère – de celles qu'Anton n'aimait pas, qui étaient restées enfouies au fond d'une valise qu'elle avait longtemps hésité à rouvrir. Crème, bleu pâle, rose ? Plutôt la crème.

Stéphane la regarda se préparer comme pour un examen. Elle faisait très attention à se coiffer avec soin, à ce que les plis de la robe tombent bien, à ce que le maquillage demeure discret, presque insoupçonnable. Lorsqu'elle décida qu'elle était tout à fait prête, elle s'assit malgré tout quelques instants. Elle n'avait aucune hésitation. Il lui fallait juste tout récapituler, être sûre qu'elle n'oublierait rien. Puis elle prit une grande inspiration, alla ramasser ses clés, embrassa Stéphane qui la retint quelques instants, et sortit.

Pavel avait proposé qu'ils se retrouvent dans un jardin proche de chez elle, mais elle en avait préféré un autre, enclavé entre d'anciens immeubles, caché en contrebas au bout d'une impasse. Un petit jardin à l'extrémité duquel on avait bien du mal à se sentir encore en ville. Toute une population de passereaux y avait trouvé refuge, et les mésanges s'interpellaient d'arbre en arbre tandis qu'on pouvait entendre la mélopée hésitante de la minuscule fontaine qui alimentait le bassin de l'entrée, perdu au milieu de lierres. Une allée faisait le tour d'une petite butte fleurie, agrémentée de fougères et d'acanthes, à l'ombre de deux érables. Et c'était à peu près tout. Mais dans sa simplicité ombragée ce jardin était parfait. Tout au fond, isolée, une tonnelle supportait des rosiers grimpants. Derrière elle le mur ruisselait de glycines. Il y avait là un banc en fer à cheval, et les sœurs du couvent voisin en avaient fait leur repaire de fin d'après-midi.

Laura alla s'y asseoir et ferma les yeux. Il était difficile de même deviner le boulevard proche. Au-dessus d'elle, un merle s'essaya au chant puis, inquiet, attendit qu'elle daigne partir afin d'assouvir une tentation de fureter dans les fougères. Mais de son côté elle attendait Pavel et le merle perdit vite espoir. Serait-il ponctuel ? C'était sans importance, tant qu'il n'arrivait pas avec une heure de retard. Elle posa ses mains bien à plat sur les genoux. Cela faisait trop petite fille sage. Elle rouvrit les yeux et grogna.

La question était de reconnaître Pavel, alors qu'ils ne s'étaient jamais vus. Ils avaient convenu qu'il s'adresserait à elle en tchèque — ce qui devrait être infaillible. Mais elle espérait être sûre que ce serait lui, à sa simple apparition. Un air de ressemblance avec Anton était de toute manière inévitable, ce ne devrait donc pas être trop difficile. D'ailleurs, comme elle était seule dans le jardin, il était probable que le premier homme à en franchir la grille ne pourrait qu'être lui.

Dix coups sonnèrent à l'horloge du couvent. Le portillon métallique grinça et elle se leva autant pour aller voir que parce que, là où elle était, elle était cachée aux regards. Elle l'aperçut à l'entrée, hésitant, et s'avança vers lui. Il était tel qu'elle se l'était imaginé en lui parlant au téléphone : un visage ferme, mince, bien dessiné, des yeux vifs, plutôt grand. L'apparence de quelqu'un qui avait dû se hisser hors d'un gouffre. La vie n'avait pas été tendre avec lui, de sorte qu'il semblait paradoxalement à la fois jeune et vieux. Elle se mordit la lèvre. Indéniablement, il ne manquait pas de séduction.

Elle se souvint qu'il était peintre. Surtout peintre. Il avait abordé la photographie et la sculpture, mais sans s'y être arrêté : elles ne correspondaient pas à son monde. Ses tableaux représentaient souvent des lieux clos, ou des espaces dont l'horizon se fracassait contre des limites infranchissables – hautes haies, murailles, falaises. Tous étaient comme nimbés d'une sorte de brouillard que la lumière peinait à traverser. Il en transparaissait une souffrance indistincte. Pavel avait été marié deux fois. Ses deux femmes étaient mortes dans des accidents dramatiques dont il avait été le témoin. L'inflexion douloureuse de sa peinture s'en était accentuée, mais elle avait toujours été présente, dès ses toutes premières toiles.

Elle ne savait comment l'aborder, mais il l'avait reconnue. Jadis Anton lui avait montré des photographies. Il lui serra les mains avec chaleur, reconnaissance, la remercia plusieurs fois d'avoir accepté. Embarrassée, elle eut du mal à lui faire comprendre que sa présence, au fond, était naturelle, que leur rencontre n'était pas un fardeau. Elle n'ajouta pas que ce serait même, en vérité, une libération. Elle préféra l'emmener sous la tonnelle.

Pendant plusieurs minutes ils y discutèrent de tout et de rien, parlèrent de peinture, de romans, de Toronto, Munich, Florence, mais pas de Prague – alors qu'il y était né et qu'elle y avait vécu – ni de ce qui les avait amenés à se rencontrer enfin. Mais il fallait bien en arriver là et elle finit par orienter subtilement la discussion en ce sens. Il lui répéta ce qu'il savait et comprenait – à vrai dire pas grand-chose. Puis, après un silence, il lui posa les deux mêmes questions que lors de leur courte discussion au téléphone, et elle répondit de nouveau par l'affirmative.

Il sourit, n'insista pas. Elle était sûre d'elle. Il lui prit les mains, hocha la tête, resta silencieux un moment puis se leva et sortit du jardin. Alors seulement elle eut un doute, mais si léger qu'elle le balaya sans peine. Tout près, une acanthe brillait dans un rayon de soleil qui traversait les feuillages. L'acanthe, ce pourrait être Anton. Le rayon de soleil, ce pourrait être elle. Elle rit légèrement. Ce matin, elle n'était pas avare de pensées idiotes. Puis, encore quelques instants, elle ferma les yeux, jusqu'à ce qu'elle entende crisser le gravier de l'allée.

*

Au début elle ne sut pas comment s'y prendre. Il avait l'air d'un enfant. Ses yeux, infiniment mobiles, s'arrêtaient sur tout ce qu'ils voyaient, détaillant chaque chose comme s'ils découvraient le monde. Autant ceux de Pavel étaient bleus, autant ceux d'Anton étaient sombres, d'un brun presque noir. Elle se surprit à penser qu'elle ne se souvenait pas qu'ils étaient aussi ténébreux. Elle se rappelait surtout d'un visage dédaigneux, comme plein de rancœur. Mais désormais Anton savait sourire. Bien sûr, avec hésitation. Bien sûr, c'était un sourire désemparé – mais il souriait.

Elle avait cru ne jamais le revoir – elle l'avait même espéré – et pourtant ils se retrouvaient. Mais d'une trop étrange façon. D'autre part, ce qui était changé, c'était qu'elle n'avait plus rien à craindre de lui. Les seules peurs qui pourraient l'atteindre seraient celles de leur passé. Mais ça n'arriverait pas.

Lui non plus ne savait pas comment se comporter. Il la redécouvrait, ou plutôt la découvrait puisque d'elle seuls quelques infimes souvenirs avaient survécu. Et quoi lui dire ? Lui parler de son amnésie, qui échappait à toute classification ? Divers diagnostics avaient été émis. Aucun n'avait pu tenir très longtemps, et il était devenu un *cas* troublant. Quelque soucoupiste avait même tenté de faire de lui une bête de foire, voulant trouver en lui la preuve de ses théories. Il l'avait écouté patiemment, mais l'avait ensuite flanqué dehors.

Tout étonné, il s'interrompit. Il venait, sans s'en rendre compte, de lui raconter l'hôpital, les interrogatoires de la police, puis l'insistance de cet amateur de choses étranges, bref tout ce qui, pour finir, l'avait incité à quitter l'Allemagne. Il n'osait pas encore avouer que son départ avait une autre raison : la rencontrer, elle, et lui demander une chose, une seule, avant de partir avec son frère pour le Canada.

Mais elle savait ce qu'il était venu chercher. Elle savait parfaitement ce dont il avait un besoin vital, la seule chose à laquelle il pourrait raccrocher son existence. L'espace d'un instant elle se demanda si elle n'allait pas, d'une certaine façon, le trahir. Mais il n'était plus temps de trébucher sur des questions. Elle posa une main sur la sienne et, s'excusant de son tchèque qui ne coulait plus aussi naturellement qu'autrefois, elle entreprit de lui raconter leur histoire.

La narration des premières semaines de leur relation fut presque exacte, jusqu'à son installation chez lui, dans son appartement de Montmartre. Mais elle poursuivit alors, sans une pause qui aurait pu la trahir ni sans changer son rythme, en inventant une vie à deux qui, au lieu de cette litanie de jours mécaniquement répétée, aurait été une succession de petits bonheurs. Elle masqua le sacrifice de son existence en insistant sur la difficile genèse du roman qu'il écrivait, et dont elle n'avait pas voulu le distraire. Elle convertit les jours noirs où il accumulait sa fureur contre elle en pauses durant lesquelles ils allaient marcher en forêt, silencieux mais côte à côte. Si d'un coup elle avait abandonné ses travaux de traduction, c'était pour être près de lui et l'assister, taper ses manuscrits, discuter avec lui des passages dont il doutait. Elle avait délaissé ses amis, sa famille, parce qu'elle tenait à garder toute son attention pour lui seul. Et si elle l'avait quitté, c'était parce qu'elle croyait qu'elle l'entravait et que son absence serait préférable. Cette conclusion du moins était presque une vérité, mais comme en un miroir : lorsqu'il l'avait chassée, c'était en l'accusant de le mettre hors d'état d'écrire.

Enfin elle se tut, à bout de forces. Il l'avait écoutée sans rien dire, les yeux mi-clos, souriant aux anecdotes amusantes dont son imagination avait peuplé les quatre ans qu'ils avaient passés ensemble. Elle avait seulement pris soin d'inverser la tonalité des événements sans jamais trop détailler, espérant demeurer crédible. Lorsqu'elle eut achevé son récit, un silence s'installa. Il garda la tête penchée un moment, sans poser de questions. C'était comme s'il n'osait pas parler, mais pour finir son visage s'anima. « C'était un très beau mensonge, dit-il. Je l'accepte. Je serai celui dont tu as inventé le souvenir. Quelqu'un d'agréable, de charmant. Je pense qu'en vérité je ne l'étais pas du tout. Mais merci. Désormais, cette histoire sera ma mémoire. »

Elle demeura bouche bée, stupéfaite. Il ne l'avait pas crue. Mais n'était-ce pas inévitable ? Elle voulut lui demander pardon, mais il posa un doigt sur ses lèvres avant qu'elle parle. « Ne dis rien. Surtout, ne dis rien. N'ajoute rien. Ne détruis pas ta vengeance. Parce qu'en quelque sorte, c'en est une, n'est-ce pas ? » Elle baissa les yeux. Pavel, même évasivement, avait dû lui dire qu'entre eux, ce n'avait pas été une passion flamboyante – ou bien, emplie de flammes noires. Voilà pourquoi il n'avait pas pu la croire. Mais pourquoi alors accepter le don de cette fable ? Et pourquoi employer ce terme de vengeance ?

Sans doute, désormais, douterait-il d'avoir été tel qu'elle l'avait décrit. Jusqu'à la fin il se demanderait qui il avait été réellement. Ce serait une torture à la hauteur de l'espérance qu'il avait placée dans leur rencontre. Elle aurait dû lui raconter la vérité qu'il attendait, une vérité qui aurait repris place dans le cours de sa vie et pour laquelle un véritable pardon eût été possible. Comment avait-elle pu se tromper à ce point ? En transfigurant les souvenirs elle enfonçait en lui un fer rouge. C'était une vengeance, oui, bien qu'involontaire. Et elle lui avait porté un coup qui l'atteindrait elle aussi.

Il se leva, s'éloigna sans rien ajouter. Elle serra les poings, prête à crier, à pleurer. Ce n'était pas ce qu'elle avait voulu. Tout ce qu'elle avait désiré, c'était une libération définitive. Il n'y en aurait jamais, ni pour elle ni pour lui. Jamais. Ses yeux se brouillèrent. Elle demeura longtemps sur le banc, désormais seule, frissonnant dans l'irrémédiable silence. Puis son regard se détacha de ses mains crispées sur ses genoux et glissa lentement le long de l'allée. La flaque de soleil qui bien plus tôt s'était aventurée sur une acanthe avait disparu, et le jardin s'emplissait d'ombre.

ENCRE DE CHINE

À Lise Genz

J'ai sorti la partition. Un œil sur les remarques au stylo rouge que j'ai osé déposer – est-ce que j'ai bien fait ? suis-je si bien placé pour juger ? –, mais de toute façon j'ai déjà compris qu'on ne parlerait pas de son concerto, et surtout pas de ce passage injouable dont jamais violoniste même surdoué ne viendrait à bout. Et que je ne pourrai pas annoncer que Nadia et moi c'est fini depuis le dimanche précédent, j'ai si longtemps été nul, elle a jeté l'éponge, je m'en veux de n'avoir pas réagi à temps, d'ailleurs ça n'aurait rien changé et elle aurait quand même quitté le navire avant qu'il sombre. Non, inutile d'y penser. Ironiquement, ça m'a donné du temps pour l'étudier à fond, ce fichu morceau. J'aurais donc matière à discuter. Mais en face de moi, enfoncé dans le canapé comme s'il voulait y être englouti, Daniel pense à autre chose. Il a cet air absent et triste que je lui ai déjà connu et qui laisse présager une grave confidence sur ses cruelles amours. Mais plus absent et plus triste que les fois précédentes. Ce doit être du sérieux.

C'est un soir d'août, un de ces soirs qui vous assènent la fin de l'état de grâce estival : les jours se sont mis à raccourcir tellement qu'il faut déjà tirer les rideaux bien trop tôt et se résigner à l'éclairage artificiel. Pressentant que je vais remplir le rôle de confesseur à défaut de celui de conseiller, j'allume une bougie sur la table basse. Intimité crépusculaire pour des aveux dont je devine déjà la nature. Puis je m'agrippe au fauteuil avant d'amorcer la discussion avec une phrase insignifiante, du genre : « Ça n'a pas l'air d'aller fort. » Il se recroqueville. J'attends un peu, réponse ou pas réponse ? Et il se lance sans prévenir.

« Il y a des mecs, tu vois, la première chose qu'on pense en les voyant, c'est qu'on voudrait les embrasser. Là, tout de suite. Tu vois ce que je veux dire. »

Ma foi non, ou alors j'ai toujours eu des pulsions très sages. Pourtant j'esquisse un mouvement d'acquiescement. Si ça peut lui faire plaisir…

« On s'est regardés pendant… pas si longtemps. Cinq minutes ou moins. De loin. Je n'osais pas m'approcher. »

Ça, je connais. J'ai toujours longuement hésité à draguer une fille. Spécialiste du regard interrogatif, étonné, et pas très doué pour me lancer à l'assaut comme d'autres le font si bien. Le pire de tout, ç'avait été avec Nadia. J'étais resté stupide et pétrifié.

« J'avais déjà envie de le serrer dans mes bras. Tu imagines ? »

Moyennement, mais passons. J'oublie de réagir et il se hâte de poursuivre.

« Dans ce milieu, tu vois, on tire d'abord et on cause ensuite. »

Ô finesse de l'expression. Mais prononcée avec une telle amertume que je renonce à en rire.

« Et j'avais juste envie d'être tout près de lui. De le prendre par la main. De l'embrasser tout doucement. Des trucs idiots.

— Idiots ?

— Idiots, bêtement romantiques, du genre qui ne se font pas. »

Je grogne. Ma méconnaissance des mœurs de certaines populations ne me permet guère plus. En revanche, ma compétence en matière de comportements *idiots* vis-à-vis de ces dames me donne un vague aperçu de ce qu'il a pu ressentir.

« Il y avait du monde. À un moment on s'est perdus de vue », poursuit-il. « J'ai pensé qu'il était parti, ou qu'il s'était fait emballer, le genre de truc qui arrive. Les beaux mecs, il y en avait quand même quelques-uns. »

Bon, ce serait bien le moment de demander des précisions sur la localisation de cette rencontre, mais je n'ose pas. Pour ce que j'en sais, il y a deux options : extérieurs neutres ou connotés, et bordels – expression employée, semble-t-il, pour désigner saunas et bars à cul. Je l'imagine tout à fait saisi d'admiration chez un de ses disquaires préférés, soudain détourné de la pâmoison causée par quelque précieuse galette porteuse de l'enregistrement rare d'un de ses compositeurs fétiches. Je peux me tromper, qu'il ait fréquenté un établissement dédié aux exaltations charnelles n'est pas à exclure, surtout en tenant compte des *beaux mecs*. Je préfère pourtant imaginer que la rencontre a eu lieu en terrain foulé par les pieds du commun des mortels.

Il se tait depuis quelques instants, rêveur accablé. Je toussote pour le ramener dans mon salon et il frissonne avant de reprendre.

« Et alors nous nous sommes retrouvés juste côte-à-côte. Je ne savais pas quoi faire. Je me suis senti con, mais à un point… À peine capable d'un sourire crétin. Ça ne l'a pas refroidi. Il a pris ma main. Juste ça. »

Réponse aux interrogations précédentes : ce n'était certainement pas entre Haendel et Ligeti qu'ils ont fait connaissance. Ou alors, le mec a eu un certain culot. Faute d'éclaircissements, je semble condamné aux conjectures, s'il ne sautait sur l'occasion pour m'offrir un aperçu plus substantiel.

« On est restés là, plantés contre un mur. Jusqu'à ce que je me décide à le tirer jusque dans une cabine. »

Le mot m'évoque un paquebot. Allez savoir pourquoi.

« Il était Chinois. D'une douceur, je n'aurais jamais cru. Tendre et brûlant. Dis-moi si je te gêne. »

Je sursaute, tiré de mon escapade maritime et ses délicieux tangages.

« Je serais gêné par des détails salaces. Tu peux continuer.

— Bon. On est restés allongés dans la pénombre, je ne sais pas combien de temps. Au moins deux heures. On n'arrivait pas à se défaire l'un de l'autre. Et ses yeux... Tu as déjà remarqué que les yeux noirs ont souvent plus d'éclat que les yeux clairs ? »

Réfléchir posément. Je n'y ai jamais fait attention. La couleur des yeux ne m'a jamais vraiment importé. Oh, mauvaise foi : je les ai toujours préférées plutôt grandes, brunes, et avec des yeux verts.

« Non », avoué-je piteusement.

« Dommage.

— La prochaine fois, je ferai attention. »

Manière d'introduire le sujet de ma rupture toute fraîche en guise d'interlude. Sans succès.

« Ensuite on est allés boire un coca.

— Tu aimes ça, maintenant ?

— Avec lui, oui.

— Très bien, je ne ferai pas de remarque désobligeante. Ensuite ?

— On a continué à discuter. En fait, on a plus passé notre temps à s'embrasser qu'à parler. Il embrassait très bien. »

Nadia m'avait fait comprendre que, pour elle, j'embrassais comme un pied. *Même un crapaud ferait mieux*, avait-elle précisé en bouclant ses valises. Compliment apprécié à sa juste valeur.

« Vraiment très bien », poursuit-il d'une voix qui soudain se fêle. « Mais il fallait que je parte. J'avais rendez-vous avec un type du conservatoire de Bordeaux, pour un concert éventuel. Il était juste de passage et c'était son seul créneau. Je n'avais pas le choix. » Pause et soupir. « Il m'a demandé si je voulais qu'on se revoie. Oui, bien sûr. Sans hésitation. Même si ça devait être compliqué. Lui il bossait presque tout le temps, il n'y avait que le dimanche qui nous permettrait de nous retrouver. Tu sais que moi, le reste du temps, je suis toujours à droite à gauche. Les cours, les récitals, la composition. Le soir je suis sur les genoux.

— Je t'ai déjà dit d'arrêter de trimer pour des prunes.

— Quand on est seul, c'est ce qu'on a de mieux à faire. »

Il oublie qu'il cohabite avec un couple de lesbiennes dans un appartement déjà trop petit où jamais il n'oserait faire la moindre galipette. Mais à dire vrai, la cohabitation est plutôt tendue et ils ne se parlent presque pas. Ce qui les rapproche, ce sont les engueulades au sujet du lave-vaisselle.

« Et alors, vous n'avez pas gardé le contact. »

Il lève des yeux surpris. Je n'avais rien deviné, c'est sorti tout seul. Et pile dans le mille.

« Il est resté dans le coin du bar quand je suis allé me changer. Je pensais qu'il me rejoindrait ou qu'il m'attendrait quelque part pour échanger nos adresses, mais personne. J'ai attendu. Peut-être pas assez longtemps. Et puis je suis parti pour ne pas être trop en retard. La Gare de Lyon, ce n'était pas à côté. »

Est-ce le fin mot de l'histoire ? À voir sa mine, ce garçon enlacé dans un local peu romantique lui a plus que tapé dans l'œil. Sinon, il n'aurait pas passé la semaine à repousser le moment de m'apporter la suite de sa partition. Il n'a dû penser qu'à *lui*. Dormir à peine. Oublier de manger. Travailler sans compter. Ce que j'aurais fait en pensant à *elle* si je ne m'étais pas attendu depuis longtemps à ce que Nadia plie bagage. Même si, malgré tout, je ressens une blessure ma foi quand même assez profonde. Avec un bon bandage par-dessus pour que tout le monde n'y voie que du feu – même moi, enfin presque.

« Qu'est-ce que j'aurais dû faire ? » demande-t-il à mi-voix. « À ton avis ?

— Prendre un bout de papier et lui filer tout de suite ton numéro de téléphone, au lieu d'être con. Maintenant, c'est un peu tard pour regretter.

— On ne peut jamais revenir en arrière. Mais dire qu'il est trop tard pour les regrets, c'est idiot. Quand on a fait une connerie il est toujours temps de regretter. Même si on ne peut rien réparer. »

Jamais vu les choses sous cet angle. Après tout il n'a pas tort, la formule consacrée est assez idiote.

« Pas faux, lâché-je.

— Et maintenant, qu'est-ce que je pourrais faire ? »

C'est à mon tour de me recroqueviller. Question de point de vue. Je risque d'en avoir un mauvais. Je ne pourrai que répondre sous une perspective, comment dire, hétérosexuelle ? À tout prendre, lui-même se comporte si peu en *gay* (il n'utilise le mot qu'avec ironie, voire un soupçon de mépris) que la seule démarche que je suis capable de concevoir risquerait de lui plaire.

— Essaie de le retrouver, hasardé-je prudemment. Quand j'ai rencontré Nadia, j'ai fait le tour de tous les lycées où elle pouvait être prof, parce que je n'avais pas d'autre piste. Enfin, si j'avais su... »

Bah, il vaut mieux laisser tomber. Ce n'est pas mon tour de me confier.

« Je *veux* le revoir. » Cette insistance sur le *veux*, trop perceptible. Il n'en démordra pas. « J'y retournerai. Même lieu, même heure. Une seule chance. Je n'imagine pas traîner dans tous les endroits à pédés pour constater qu'il est en chasse ou avec quelqu'un d'autre et que j'ai fait un rêve stupide. »

Et toc. Il n'a pas tort, d'un certain côté. Je n'aurais moi-même pas perdu mon temps à traquer Nadia dans tout Paris, si je n'avais pas eu une petite idée de la façon de la croiser *fortuitement*, parce que ça aurait pris des semaines. Largement assez pour qu'un autre la séduise. Et moi, je n'avais été courageux qu'au point de flirter doucement avec une timidité exemplaire. Mais pour Daniel il y aurait encore meilleure façon de faire. À mon avis de dragueur incompétent.

« Attends-le *dehors*. Ce sera préférable. Si tu rentres, pas la peine de me dire dans *quoi* je m'en fiche, il pourrait croire que tu y es pour autre chose. Et puis il pourrait ne pas venir, qu'est-ce que tu en sais ? Sauf s'il a la même idée que toi. »

Ses yeux s'éclairent. Je verrais les choses comme ça, alors ? Peut-être ai-je raison. Amoindrir le risque d'un échec. Si ce garçon revient sur les lieux du crime, il le cueillera sur le pas de la porte. Dignement. Pas de confusion possible sur les motivations.

« Oui, oui », murmure-t-il. « Ce serait mieux. Beaucoup mieux. »

Je me permets de sourire tandis qu'il sort un porte-documents de sa sacoche et me tend quelques feuillets.

« Le passage que tu n'as sûrement pas aimé. Je l'ai repris. La partie soliste est plus facile, et j'ai partagé les difficultés qui devaient rester avec le premier violon.

— Je pensais même que c'était indispensable. Tu me connais mieux que je le croyais. »

Mon regard se pose sur les portées. D'habitude il se sert d'un crayon de papier, mais il a utilisé de l'encre. L'odeur encore fraîche me dit même : encre de Chine.

« Il n'était pas d'une beauté renversante, tu sais. Mais ça n'avait aucune importance. J'ai d'abord fait attention à son regard. Ensuite à sa silhouette, mais à peine. Il était *évident.* »

J'attends une suite de phrase qui ne vient pas. Et je comprends soudain : oui, ce qui importe d'abord c'est seulement l'évidence. Le reste suit ou ne suit pas, tout dépend. Parce qu'alors on se regarde autrement. On se découvre. On se contourne. On s'explore.

On se perd aussi parfois. Hein, Nadia ?

Mes doigts effleurent le papier. Il a tellement retravaillé le mouvement lent que je ne le reconnais presque plus. Le violon y est devenu anxieusement calme, et en plein milieu, cet épisode culminant et déchiré que j'avais trouvé atrocement complexe, métamorphosé en duo frémissant.

Eux deux en musique. En espoir, en attente. Même si ça ne va pas plus loin et qu'il ne devait jamais le revoir, resteront au moins ces mesures d'une insupportable ferveur. Je repose les feuilles. Finalement ça me fait mal, tout ça. Je ne pensais pas, son histoire ce n'est pas la mienne, rien à voir. Pourtant si. Tout se rejoint.

Il m'observe, intrigué. Quelle tête est-ce que je peux faire, à cet instant précis ? Qu'importe.

« Tu sais, au fait, Nadia… », commencé-je.

La Roseraie

À l'aurore le parc était fatalement désert mais, éveillé depuis longtemps, il finissait par tirer les rideaux de sa chambre puis, ouvrant la fenêtre, en parcourait des yeux les méandres abandonnés des allées. C'était son immuable rituel. Il lui arrivait parfois de s'habiller et de descendre s'y promener, partant alors vers la droite pour faire le tour du lac avant de terminer par le labyrinthe de la roseraie.

Mais plus maintenant. Pas cet été. La douleur qui au fil des mois prenait possession de lui n'y était pour rien. Il avait appris à la dompter. Il se contentait pourtant désormais de tirer les rideaux, d'ouvrir la fenêtre et de regarder.

Une brise encore fraîche montait jusqu'à lui. Derrière les marronniers de la Grande Allée fluait la lumière et du côté du lac, près du Pavillon de l'Impératrice, canards et cygnes entreprenaient de s'ébrouer. Il n'y avait d'abord que ces bruits d'oiseaux. Puis, presque indistinct, lui parvenait l'écho celui de ses pas ; d'un coup elle semblait surgir d'une allée secrète, puis s'immobilisait au milieu des roses.

Elle restait là sans bouger de longues minutes. Alors, il s'appuyait au rebord de la fenêtre, retenait son souffle. Trop loin pour bien la distinguer, malgré une excellente vue dont il était encore fier, il croyait clairement discerner la grâce qui émanait d'elle. En revanche il eût été incapable de décider si elle était belle ou non, ce qui lui importait peu.

Secouant légèrement sa longue chevelure brune, elle se mettait enfin à marcher. Lentement. Attentive. Sentier après sentier. Effleurant du bout des doigts rose après rose. Il avait alors le cœur battant comme un enfant qui vient de découvrir une merveille. Bientôt, les longues secondes durant lesquelles elle disparaissait derrière le petit kiosque à musique lui étaient autant de tortures. Il redoutait par-dessus tout ce moment.

De temps à autre elle se penchait, paraissait murmurer quelque chose, se redressait. Quelles pouvaient être ses paroles ? Il se sentait incapable de les imaginer. Tandis qu'elle effleurait fleurs épanouies et boutons encore hésitants, qu'elle leur chuchotait ces mots qu'il brûlait de pouvoir entendre, le traversait une vibration ténue, douce et obsédante. Et, mieux que la clarté de l'aube qui se déployait au-dessus des arbres, elle apportait au cœur du parc une lumière qui avivait les parterres. Il eût également aimé savoir comment elle réussissait ce prodige, mais pour tout cela il eût fallu descendre, se résoudre à l'aborder. Il n'osait pas. Il ne pouvait pas oser.

Elle portait chaque fois une robe différente, mais toujours en accord avec les *Grand Siècle*, les *Roi de Siam*, les *Fêtes Galantes*, et toutes autres variétés aux dénominations curieuses dont ses doigts frôlaient les pétales avec ces gestes patients, subtils, qui n'appartenaient qu'à elle. Au début de l'été elle était soudain apparue, et il avait été surpris de cette présence qui, les premiers jours, l'avait perturbé. Mais, depuis le premier matin où il l'avait aperçue, observée, semblant errer sans but dans ce qu'il avait jusque-là considéré comme *son* domaine, il craignait d'aller s'y promener. Pour ne pas la déranger. Pour ne pas – qui savait ? – l'effrayer au point de ne jamais revenir. Jusqu'à présent, aucun jour ne s'était écoulé sans qu'elle n'en marquât l'aurore de son passage, même lorsqu'il pleuvait. Il la voyait alors passer, cachée sous un immense parapluie sombre.

Il avait vite découvert qu'il tenait à l'apparition de cette femme dans le parc, à une heure que d'autres eussent trouvée insolite, sinon louche. Il eût été désemparé si elle avait déserté ce moment qu'entre tous il chérissait désormais. Pourtant il ignorait tout d'elle. Elle venait. Elle l'apaisait. Elle le ravissait. Pendant un long moment il croyait avoir soixante ans de moins. Il se contentait de cela, et refusait de se poser la moindre question comportant un *qui* ou un *pourquoi*. Il espérait seulement qu'elle n'avait pas découvert qu'un vieillard l'épiait, imprudent et impudent, depuis le second étage d'une des résidences cossues qui bordaient le parc.

Peu à peu il s'était mis à craindre l'arrivée de l'automne. De nombreuses semaines les en séparaient, mais qu'étaient donc quelques semaines ? Les roses faneraient. L'aurore se ferait tardive. La fraîcheur de la nuit s'aviverait mais perdrait ce charme si particulier. Et elle finirait par ne plus venir. De nouveau il serait seul, plus seul encore qu'auparavant. Absolument seul.

*

La moitié de l'été venait de passer. Les jours étaient d'un bleu assommant, l'air surchauffé étranglait la ville. En début de soirée, seul l'écho des fontaines et des jets d'eau donnaient l'illusion qu'ici la chaleur était moindre. Lorsqu'ils s'éteignaient, vers minuit, les ténèbres devenaient soudain suffocantes. Il se couchait alors pour tenter de gagner quelques heures de sommeil, tandis que le ventilateur nonchalant bourdonnait en vain.

L'infirmière, chaque après-midi, lui reprochait de se laisser aller. Il ne suivait plus à la lettre son traitement. Il mangeait irrégulièrement. Il ne dormait pas assez. Mais, dame ! Comment aurait-on pu espérer dormir par des températures pareilles ? Et il n'était absolument pas question de somnifères. Il la laissait bougonner, manipuler la seringue, s'inquiéter de savoir s'il allait bien passer la nuit — et s'il allait rester sage. Il la rassurait sommairement pour, avec la plus exquise politesse, la mettre au plus vite dehors.

Ensuite, il attendait l'aurore à venir, avec une impatience qui chaque nuit croissait. C'était déraisonnable. Mais à son âge, il pouvait enfin de nouveau se le permettre. Comme lorsqu'il avait vingt ans, quand il avait rencontré Mathilde. Ah ! Mathilde, qui pour finir lui préférerait un colonel qui avait bien dix ans de plus qu'elle, et cajolerait ses chevaux plutôt que son épouse. Il regrettait encore de ne pas s'être alors montré plus audacieux.

Une nuit, justement, il s'éveillait d'un rêve dans lequel Mathilde se moquait de lui, de son incapacité à déclarer clairement sa flamme, lorsqu'il sentit une douleur violente qui se propagea depuis sa poitrine jusqu'au bras gauche. Elle dura une quinzaine de minutes, puis s'estompa, mais encore terrifié il n'osa pas se recoucher et, assis, attendit en ruminant des idées sombres que seules les premières lueurs et la promeneuse d'avant le jour réussirent à effacer. Il décida de ne rien dire à l'infirmière. Elle alerterait le médecin, qui sans doute tenterait de le forcer à un séjour à l'hôpital – ou pire. Alors il savait qu'il *la* perdrait. Cette perspective l'effrayait encore plus : il convenait donc de se taire, voire de mentir.

Durant toute la semaine qui suivit, les orages se succédèrent et la température finit par être plus supportable. Elle poursuivit sans faiblir ses visites, parfois sous une averse battante et au milieu des bourrasques. Il s'en étonna, mais pas tant que ça. Après tout, elle était la Dame de l'Aurore. Il dut prétexter la distraction quand l'infirmière nota que la moquette était sérieusement trempée. Il n'avait pas fait attention, ce matin-là, en ouvrant la fenêtre, et la pluie s'était engouffrée chez lui. Elle le considéra de son œil soupçonneux, serra les lèvres, mais préféra attendre que survînt un autre incident avant d'agir. Il était bien vieux, mais n'avait pas l'air sénile. Il convenait toutefois de se méfier. C'était un rusé. N'avait-il pas, au début de l'hiver, jeté ses médicaments, croyant qu'elle ne s'en apercevrait pas ?

Puis le temps se remit au beau fixe et la canicule s'installa une fois de plus, timidement, moins timidement, et pour finir avec une férocité encore inégalée. Il savait comment s'y prendre avec le mal qui le rongeait patiemment. Pas avec une telle chaleur. Il se débattait péniblement, gardait un linge humide à portée de main, et ne perdait pas de vue les bouteilles d'eau minérale qu'il se faisait livrer par l'épicier du boulevard. En journée il demeurait enfermé chez lui, volets clos. Au soir il s'efforçait d'évacuer l'air brûlant qui malgré ses efforts avait réussi à s'installer dans l'appartement, espérant en ouvrant toutes les fenêtres que des courants d'air seraient de quelque utilité. Mais l'atmosphère demeurait immobile.

Vint une nuit particulièrement torride. Pour la première fois il avait la tentation, quand l'horizon pâlirait, d'aller à sa rencontre. Pourraient-ils, ensemble, marcher dans la douceur indistincte qui accompagnait ses pas ? Il réfléchit longuement. Était-ce bien sérieux ? Bien entendu : non. Et pourtant. Irrésolu, il passa la nuit sans dormir. Puis, tel un automate, il fit sa toilette, s'habilla avec soin. Les gestes décidaient pour lui. Il se retrouva tout étonné en bas des escaliers. Mais là, une douleur lancinante le saisit, plus foudroyante encore que la première fois. Il ne parvenait pas à respirer, un étau broyait sa poitrine, et il pensa subitement qu'il devait se hâter. L'aurore était proche, il fallait absolument traverser la rue, s'asseoir sur le banc près du kiosque, avant qu'elle n'arrive. Il tenta encore de faire quelques pas en direction de la porte. Désespéré il comprit alors qu'il n'y parviendrait pas, et s'affaissa contre le mur avec un gémissement déchiré.

Dans un ciel limpide, entaché d'aucun nuage, les étoiles s'estompaient. Une clarté diffuse montait, et près du lac des battements d'ailes commençaient à se faire entendre. Un chien errant passa, humant le rebord d'une allée. Effrayé, un merle traversa la rue, disparut entre deux immeubles. Quelque part au loin une voiture fit hurler ses freins, cri atroce qui se répercuta d'arbre en arbre. Mais l'habituel bruit de pas ne venait pas. Ce jour-là, les roses patienteraient en vain jusqu'à l'aube, et se résigneraient finalement à endurer les longues heures de morsure du soleil, sans que nul ne se préoccupe d'elles. Il devait en être ainsi tous les autres jours qui allaient suivre.

FESTINA LENTE

Le vert pâle des crêtes au loin, et la route enneigée, ce virage à franchir. L'air glacial s'est figé d'un seul coup, après une dernière saute de vent. Il faudrait poursuivre. Descendre enfin dans la vallée, sans me presser, mais sans traîner non plus. Si je reste là, c'est peut-être à cause de ce virage, j'ignore ce qu'il y a derrière, ou mieux encore : ce que je voudrais y trouver.

Je suis un imbécile. Les yeux fermés, en faisant craquer les articulations de mes doigts transis malgré les gants, je répète ces quatre mots. Oui, d'accord, et après ? Alors je hoche la tête, esquisse quelques vers – ça faisait si longtemps, eh ? qu'est-ce qui se passe pour que… ?

Reviens

sculpteur de nuages

y travailler l'or des couchants

puis les pourpres des rêves

et déposer sur ses paupières

Oh... Est-ce que ça peut aller ? Non, mauvais, mauvais. Abandonne, s'il te plaît.

*

Abandonne.

Je ne peux pas.

Simple murmure, qui répond à une autre injonction.

Alors je rouvre les yeux. Un pas ou deux. Regard fixé sur la blancheur lisse. Un chasse-neige est passé tout à l'heure, je franchissais le col, seul, son conducteur m'a considéré comme un animal étrange, ralentissant quelques instants pour mieux me détailler avant de faire rugir le moteur. J'ai attendu longtemps que le silence revienne. Puis je me suis remis en marche. Prudent comme un loup, attentif au moindre crissement sous mes semelles. Le virage m'attendait plus bas.

*

Lorsqu'on ne chérit qu'une seule certitude, les autres finissent par vous tourner le dos. Enfin, je crois. Et celle-ci est, allons, oui : désespérée. Raison d'une fuite et d'une marche. Plus tôt dans l'après-midi j'ai failli décider de me perdre, pour de bon. De m'écarter de la route. Sans m'y résigner. Quelle absurdité ! Et d'abord pour quoi faire ? Perdu, je le suis déjà. Ou, depuis toujours.

*

Il est ton incertitude, crois-moi.

Je grimace. Est-ce qu'il ne serait pas possible de penser à autre chose, pour une fois ?

Non. La réponse claque comme une branche qu'on brise. Je soupire à peine.

Tu es ici à cause du brun de ses yeux, du noir de ses cheveux. Et ensuite ? Tu ne te trouves pas un peu ridicule ?

Prière d'enlever *un peu* et de remplacer par *trop*. Ce sera plus juste, au fond. Beaucoup plus. Et il ne faudrait pas oublier : sa silhouette, sa démarche, son sourire.

Tu es un imbécile. Un vrai de vrai.

Je sais. Est-ce que je serais là, sinon, mordu de gel et immobile ? Stupide et inconsolable de n'avoir jamais trouvé comment m'y prendre pour lui dire ? Même pour récolter l'indifférence, au mieux, j'aurais dû avoir le courage de m'adresser à lui, et de…

De quoi ? C'est risible. Pas pitoyable, ou à peine, juste bon à susciter les ricanements. Tu ne sais rien de lui, sinon moins que rien, alors imagine l'effet d'une confession inopinée : voilà une idée des plus crétines, ça va sans dire.

*

J'étais venu ici pour l'oublier. Non ? Bien sûr que oui. Lutter contre le froid, franchir une crête après l'autre, m'arrêter à la croisée des chemins dans ces chalets où le gel s'engouffre autant qu'il peut, passer des nuits à veiller sur un feu précaire – tout aurait dû m'empêcher d'évoquer son visage, et le vent qui m'engourdit les mains, et la nécessité de trouver un gîte, et la faim parfois, aussi. Je n'y suis pas parvenu.

Doublement idiot. M'enfoncer dans l'hiver pour lui échapper, quelle idée stupide. Au contraire, l'éclat sombre de ses yeux n'a jamais été aussi présent. Ils m'ont fait capituler : il n'y a rien à dire de plus. M'offrir un court exil était inutile, il en aurait fallu un bien plus long – interminable.

*

Cent kilomètres, dix jours, la traversée serait pénible, risquée parce qu'il n'y aurait guère âme qui vive pour me porter secours au besoin. Un coup de tête ? Oui, non ; je comptais m'attaquer à ce défi depuis des mois, bien sûr j'aurais choisi une autre saison. Et rêvé de ne pas le relever seul.

« Tu n'y arriveras pas », a-t-elle dit une semaine avant mon départ. Déjà je n'écoutais plus, chère amie, j'avais mon billet d'avion en poche, sur place je savais où trouver ce dont j'aurais besoin, personne n'aurait pu me faire renoncer. Sauf lui.

Bien sûr, je n'ai pas compris ce qu'elle voulait dire.

Enfin… si, mais seulement arrivé à la moitié du trajet.

*

Le virage est devant. Si proche, alors qu'il me semblait ne jamais pouvoir l'atteindre : une trentaine de pas, trente fois rien. Serait-ce trop pour moi ?

Accroupi, j'enlève un gant, extirpe une carte. Je pourrais dévaler le versant en coupant au travers des pins, sur la gauche. Raccourci incertain, mais raccourci : je regagnerais la route au fond de la vallée, juste avant un lac. La neige est assez dure, je ne perdrais pas de temps en passant par là. Oui. Mais.

Le virage, je ne sais pas ce qu'il cache, quels trésors ou quels tourments. Il vaudrait mieux rester sur la route. Aller voir. Oser.

Je me relève. Au bout de vingt pas, je sais désormais pourquoi j'avance : c'est pour oser, enfin. Et revenir près de lui, avoir la folie de lui confier aussi que tout là-bas, il y avait un virage, pas seulement un, mais celui-ci était singulier, capital.

Pas sûr qu'il comprendra, mais peu importe. Et aux nuages j'adresse un salut, espérant qu'ils le portent jusqu'à lui en traversant l'océan. Même si ce doit être une illusion enfantine de plus, cette fois, peu m'importe. La route, presque rectiligne depuis le col, a enfin disparu derrière moi.

Le Maître

Certains jours, le monstre restait tapi dans l'ombre. Les volets de sa pièce demeuraient clos, tandis que seules les fourmis poursuivaient leurs allées et venues le long du mur. Infiniment patient, il attendait que son maître vînt le réveiller d'une tape bourrue, et alors il donnait le meilleur de lui-même, durant de longues heures conclues par un claquement sec et un profond soupir. Ce monstre immense, tripode, doté d'une mâchoire démesurée dont les dents livides luisaient dans la pénombre, quand il restait tardivement en tête-à-tête avec son possesseur, occupait le tiers de la vaste chambre qui lui avait été dévolue au rez-de-chaussée. Il n'en avait pas bougé depuis plusieurs années, immobile, regardant vers la fenêtre, ne murmurant ou rugissant que quand des mains humaines osaient se poser sur lui.

Depuis une pincée de semaines, abandonné dans son antre plus souvent qu'il en avait l'habitude, le monstre restait dans l'expectative. Il arrivait que la petite Carla, gamine effrontée, se sachant seule et passant outre les interdictions, osât jouer avec lui. Mais elle ne s'attardait pas, préférant s'esquiver de la vaste demeure pour cajoler son poney, Amedeo, et lui faire parcourir plusieurs fois les allées du parc. Le monstre se souciait peu de cette enfant frivole et sans imagination. Car toute sa vie était dédiée à Maître Antonio Schiarrini, pianiste encensé par les critiques, et compositeur montant d'une génération hélas plus toute jeune.

Depuis plusieurs années, Schiarrini menait de front sa double carrière, mais délaissait peu à peu et sans regrets celle de concertiste pour se consacrer à ses propres créations. Comme tant d'autres, il avait été tenté par la direction d'orchestre, et avait à l'occasion tenu la baguette devant quelques prestigieuses phalanges, laissant toutefois auprès du public un sentiment mitigé : ses interprétations lorgnaient trop souvent vers les musiques qu'il composait lui-même. Volontiers désertiques et abruptes, ses symphonies étaient de vastes panoramas déchiquetés, incandescents, parsemés de blocs douloureux. Il en avait trois à son actif et escomptait, à condition que son cancer se tînt tranquille, en écrire encore quatre autres, qui seraient progressivement symétriques des premières. Ainsi en avait-il décidé : après le désert, la luxuriance des forêts vierges.

Il était sur le point d'achever la quatrième, pivot de l'ensemble, où se déployait la transition désirée vers une brûlante sensualité. Il y avait pourtant un *mais*. Et d'importance : il ne parvenait pas à trouver l'accord idéal qui viendrait parachever l'œuvre, à l'extrémité des ultimes mesures. Un accord ou quelques notes éparses, il n'était pas fixé : il fallait juste que ce soit étonnant sans être en contradiction avec le reste du mouvement. Alors que ce n'était vraiment pas grand-chose, il lui était impossible de découvrir ni la bonne combinaison, ni la dynamique convenable. Ce qui avait été à peine agaçant durant quelques jours était bientôt devenu exaspérant. Qu'une pincée de notes lui résistât était inadmissible.

C'est ainsi que, depuis plus de deux semaines, Maître Schiarrini boudait son majestueux Steinway, qui demeurait confiné dans la pénombre, à peine visité par les fourmis et par deux souris qui avaient décidé de s'installer dans la cheminée, construite trois ans plus tôt sur un coup de tête de son épouse et depuis lors jamais utilisée, ce qui en faisait un logement parfait pour les deux rongeurs qui avaient vite employé un vieux bout de partition en miettes à des fins domestiques, et appréciaient de ne pas être trop dérangées par d'effrayants tintamarres pianistiques.

*

Maître Schiarrini, amer, pénétrait donc de moins en moins dans son cabinet de travail, et en ressortait de plus en plus vite. Son épouse, sa fille et sa fidèle maîtresse – une vieille bicyclette rouge – savaient qu'il ne ferait pas bon le contrarier. Elles ignoraient le motif de sa mauvaise humeur. Sans doute cela avait-il quelque chose à voir avec ces étranges gouttes noires sur du papier ligné, mais aucune n'aurait osé poser la moindre question à ce sujet, ce qui pour la bicyclette était plutôt facile. C'eût été risquer une des mémorables colères du Maître, qui étaient comme des icebergs se détachant d'un glacier au fond d'un fjord groenlandais : soudaines, imprévisibles, et *vraiment* impressionnantes. Elles évitaient donc de le froisser, voire l'évitaient tout court, ce qui avait malgré tout le don de l'irriter. Il eût aimé un peu de sollicitude de leur part. Il ne la trouvait que chez sa maîtresse rouge, qu'il chevauchait chaque matin pour se rendre au conservatoire, ou pour aller prendre un café avec son aîné, qui maniait superbement le crayon et fournissait aux journaux de petites bandes dessinées qu'on s'arrachait désormais même en dehors des frontières.

En matière de musique, Flavio n'avait jamais eu guère de goût que pour les guitares électriques. Il était malgré tout l'interlocuteur privilégié de son père dès qu'il était question de composition. Certes, lui-même n'était que le créateur de petites vignettes divertissantes, mais il comprenait parfaitement les doutes, hésitations, amertumes et remords qui taraudaient le Maître lorsqu'il s'attaquait à une nouvelle œuvre. De son côté, il se débattait depuis plusieurs mois avec un projet plus ambitieux que les maigres planches quotidiennes qu'il produisait avec une facilité nonchalante. Ce serait une vaste fresque dans laquelle tout son talent pictural pourrait enfin éclater. Mais, comme son père, il butait sur des obstacles d'autant plus redoutables qu'ils semblaient insignifiants. L'un des siens avait pour prénom Matteo, son co-scénariste, qui s'était également chargé des dialogues. Or si le scénariste était imaginatif, le dialoguiste l'était bien moins. En outre il était paresseux – défaut rédhibitoire pour un Schiarrini. Flavio craignait donc de ne jamais arriver au bout de *Trois Fleuves*, à moins de se lancer lui-même dans le remplissage des phylactères, perspective qui l'indisposait beaucoup.

Vous l'aurez compris, tous deux se remontaient le moral, et tandis que la mère se réfugiait auprès de jeunes peintres de préférence homosexuels, mais surtout comme elle alcooliques, et que la sœur découvrait les ineffables joies de l'équitation en compagnie d'un voisin de trois ans son aîné, Flavio écoutait respectueusement son père, qu'avec le plus grand sérieux il tentait d'aider, comme il l'avait déjà fait à de nombreuses reprises, usant à cette fin de petits conseils parfois surprenants : s'asseoir dans une pièce sombre et *se concentrer sur* le silence, regarder une image et laisser venir à lui la musique... Ces idées, pour d'aucuns bien étranges, avaient plusieurs fois été couronnées de succès. Maître Schiarrini était fier de l'appui de son digne héritier. Mais, concernant cette symphonie, leurs efforts réciproques demeuraient vains. Ils convinrent bientôt qu'ils avaient besoin d'une solution inédite, et passèrent plusieurs matinées à la chercher.

Un vendredi de fin novembre, les joues enflammées, Flavio accueillit son père avec une excitation qui ne lui était pas coutumière. La solution, il la tenait. Ils avaient tous deux besoin de repos, mais avant tout d'isolement : ils pourraient passer quelques jours dans la demeure ancestrale de

Fiesole[1], où ils voulaient depuis longtemps déterminer quels travaux étaient rendus nécessaires par des années d'inoccupation. Ils pourraient ainsi fuir les désagréments de Bologne, et cesser de ruminer sur leurs déconvenues. Maître Schiarrini accepta aussitôt, enthousiasmé par l'idée. Il proposa cependant de louer une chambre d'hôtel, jugeant que malgré la clémence de cet automne, leur minuscule palais renaissance risquait de rester pendant plusieurs jours un peu trop frais.

*

Le projet parut curieux à Mme Schiarrini, mais elle se doutait bien que son époux avait depuis toujours une secrète âme d'architecte. D'autre part, sachant qu'il avait eu l'idée extravagante d'enseigner dans une ville sans grande envergure, au lieu de viser Milan ou Rome, elle conclut qu'il était sage de ne pas se préoccuper de cette autre lubie.

Les préparatifs allèrent bon train, et quatre jours suffirent avant que de maigres bagages s'entassent dans le coffre de la vieille Fiat de Flavio – le strict nécessaire pour travailler, et si peu de vêtements que la gouvernante se permit même de froncer les sourcils. La veille, le Maître avait rêveusement

---
[1] Fiesole, toute proche de Florence, qui fut tout d'abord cité étrusque.

évoqué ses jeunes années, lorsqu'encore étudiant il passait des journées entières dans les jardins de Boboli[2], où il annotait farouchement des partitions. Moins rêveusement il s'était souvenu qu'il y avait rencontré sa femme, alors toujours munie de toiles, pinceaux et chevalet, dont elle s'était débarrassée plus tard, devenue inséparable de ses verres de whisky malgré de coûteuses cures en Suisse. Passer loin d'elle deux, sinon trois semaines, remarqua-t-il en montant en voiture, serait un indicible bonheur, eût-il choisi d'aller visiter l'enfer.

C'est sur cette aimable pensée qu'il boucla sa ceinture, ayant hâte de retrouver la maison de son enfance. Mais la Fiat en avait décidé autrement. À la perspective de devoir rouler plus de cinquante kilomètres d'affilée, distance excessive pour son âge, elle choisit de tomber en panne sans tarder, à peine avaient-ils dépassé la gare. Elle commença par tousser une fois, puis une seconde, et s'offrit enfin une série de hoquets qui la mena au bord de l'agonie désirée.

Flavio et son père demeurèrent interdits. Il fallut pousser la voiture le long du trottoir, appeler un dépanneur, réfléchir à ce qu'ils allaient faire. Ni l'un ni l'autre ne voulait renoncer. Ils pouvaient fort bien louer une autre automobile, mais Flavio

---

[2] Célèbre parc florentin.

hésitait. Le train ? Pourquoi pas, puisque elle avait choisi de les abandonner juste devant la gare.

Et, riant, il exposa l'idée qui venait de le traverser. Vers dix heures passerait le train qui, parti de Rome, avait pour ultime destination Paris. Ils y seraient dans la soirée, et il ne fallait pas se soucier de trouver un hôtel – il n'avait qu'un coup de fil à donner, et leur première nuit du moins serait assurée. En revanche, insista-t-il, il ne faudrait prévenir personne. La maisonnée s'affolerait de ce soudain changement de programme, tenterait par tous les moyens de les ramener à la raison. Il conviendrait donc impérativement de garder ce voyage secret.

Maître Schiarrini écarquilla les yeux. Lui qui jamais n'avait eu la moindre velléité de quelque fantaisie, se voyait soudain proposer une folie comme nul ne s'attendrait jamais à l'en voir commettre. Mais après tout, pourquoi pas ? Il n'avait jamais eu l'occasion de fouler le pavé des Champs-Élysées – y avait-il des pavés, au moins ? –, faute de loisirs, ayant à chaque récital dû se contenter de faire le trajet de l'hôtel à la salle de concert. Et il avait toujours rêvé de voir Notre-Dame. Il réfléchit une minute, un temps très long le concernant, puis accepta. Bientôt, tels deux conspirateurs jetant derrière eux des regards inquiets, craignant d'être reconnus et dénoncés, ils se présentaient au guichet, n'ayant désormais plus qu'une hâte, flâner sur les bords de Seine.

*

Après avoir été hébergés deux nuits par un petit éditeur, cousin éloigné de l'amie de Flavio, ils passèrent plus de deux semaines dans une modeste pension perchée sur la butte Montmartre, travaillant le matin à leurs œuvres respectives, et visitant la cité durant l'après-midi. Voyant approcher Noël, Maître Schiarrini avait renoncé provisoirement à sa symphonie et composait la petite messe promise depuis l'été au Père Farsini, curé de la paroisse – une messe toute simple, pour orgue et chœur d'enfants. Elle allait bon train, ce qui lui ôtait toute crainte quant à ses capacités créatrices. Flavio pour sa part remplissait des carnets d'esquisses de tout ce qu'il voyait, ne se préoccupant pas de *Trois Fleuves*, qui pourrait bien attendre son retour à Bologne.

Mais, trop vite, vint le moment de rentrer. La messe recopiée au propre, les croquis classés dans un carton à dessin, ils reprirent le chemin de l'Italie, faisant toutefois avant de retourner à Bologne un détour par Fiesole, où ils se désolèrent de la décrépitude de leur vieille demeure de famille, dont la remise en état serait finalement très coûteuse. Il serait préférable de vendre, plutôt que se laisser ruiner par des entrepreneurs indélicats : quoique, comme insistait Flavio, qui mieux que tout autre savait se servir de ses dix doigts, en passant *vraiment* plusieurs semaines sur place, ils pourraient venir à bout du plus difficile. À ce sujet, les décisions furent mises en suspens, ils reprirent le train, allèrent chercher la Fiat qui avait retrouvé une seconde jeunesse entre des mains expertes, et firent comme si de rien n'était.

Madame Schiarrini sembla dupe. Elle avait tenté de leur téléphoner plusieurs fois, mais ils prétextèrent avoir dû couper le téléphone et avoir ensuite omis de le rebrancher. D'un petit hochement de tête elle accepta l'explication, et entreprit alors de détailler par le menu le déroulement des deux réveillons. La pléthore d'invités qui allaient par deux fois encombrer les lieux déplaisait à Schiarrini, lequel préférait les réceptions intimes. Ce besoin qu'elle éprouvait de le noyer dans la foule à la moindre occasion lui tirait des soupirs inextinguibles. Mais c'était dans la vie son seul plaisir – hormis la fréquentation d'artistes sans ambition. Il fallait bien lui être agréable, surtout si près de Noël. Il la laissa donc tout organiser à sa guise, pour passer l'essentiel de son temps auprès du Père Farsini, qui ravi de l'œuvre toute fraîche offerte à sa timide chorale, avait promptement décidé de l'inclure dans le programme de la Messe de Minuit.

*

Le soir fatidique, le pauvre prêtre se tordait les mains de crainte, malgré les assurances du Maître, qui avait participé à toutes les répétitions dont l'ultime de la veille, à laquelle l'évêque avait tenu à assister – averti par une Madame Schiarrini trop heureuse de se laisser aller aux commérages ecclésiastiques. Il neigeait, et la température jusqu'alors bien douce pour la saison semblait chuter de minute en minute. Depuis le milieu de l'après-midi, il avait fallu lutter contre les caprices du chauffage de l'église, qui n'avait guère servi depuis un an. Mais lorsque dans la nuit les cloches se mirent à appeler les fidèles, tout semblait montrer que l'office serait particulièrement réussi.

Il le fut. La chaleur communicative de la messe de Schiarrini, d'un style chez lui inhabituel, surprit ceux qui le connaissaient, et séduisit l'assemblée. Cette œuvre à la fois pieuse et bon enfant ravit les cœurs par sa simplicité angélique, servie à merveille par les petits chanteurs du quartier. Le Père Farsini laissa même traîner ses lectures des évangiles pour faire durer le plaisir. Puis, tandis que le convoi familial dirigé par une Madame Schiarrini encore sobre regagnait leur demeure bourgeoise, le compositeur resta quelques minutes auprès du prêtre pour lui signifier toute sa gratitude d'avoir su donner à ce Noël une si belle couleur, sans oublier de féliciter l'organiste et les chanteurs.

Le ministre du culte tenta de se défendre, arguant qu'il n'était pour rien dans ce miracle, alors que Schiarrini oui – après tout, n'était-ce pas cette messe chantée qui avait transfiguré cette nuit ? –, lequel refusait l'hommage et l'accablait en retour de compliments. Ils finirent par conclure qu'ils étaient dans un charmant désaccord et se séparèrent en riant.

Il riait moins en arrivant chez lui. Son épouse, par charité fort peu chrétienne, avait convié deux de ses peintres célibataires préférés à se joindre au buffet, qui semblaient bien déplacés dans cet environnement cossu, et lançaient des œillades à un Flavio que la situation exaspérait sans qu'il osât rien dire. Père et fils eurent vite l'appétit coupé, et par la vulgarité de ces invités imprévus, et par le manque de retenue de la maîtresse de maison, qui à elle seule paraissait capable de vider la moitié des bouteilles avant qu'on en fût au dessert.

Ils décidèrent bientôt de s'isoler dans le bureau et évoquèrent à mi-voix leur escapade parisienne, puis leur futur et véritable séjour à Fiesole – courant avril, quand les jardins de Florence seraient particulièrement magnifiques. Flavio pourrait, pour l'occasion, débaucher quelques-uns de ses amis, qui seraient ravis de pouvoir prendre des vacances tout en se rendant utiles. Les travaux iraient de cette façon bien plus vite. Ils se mirent d'accord sur cette idée, et retournèrent dans le salon, où personne n'avait cru bon de s'apercevoir de leur absence.

D'ici Pâques, songea le Maître, la symphonie serait-elle enfin achevée ? Ces quelques notes qui lui manquaient étaient comme une punition céleste, ou une incitation... Aurait-il écrit sa messe sans cela, serait-il allé à Paris avec Flavio ? Peut-être bien que non. Quelques portées vides étaient finalement une bénédiction. La seule malédiction était son épouse, dont le visage rouge, l'élocution hasardeuse et le souffle rauque trahissaient un abus de boissons. Il en fut honteux pendant quelques instants, jusqu'à ce qu'elle eût le bon goût de se sentir mal. Une fois seul avec ses hôtes, il sut faire comprendre aux peintres qu'il était temps de déguerpir, réussit à se montrer aimable avec les membres de la famille de sa femme, et quand minuit sonna, il pouvait enfin s'estimer pleinement satisfait de la soirée.

*

Le jour de Noël, il s'éveilla avant tout le monde, aida la gouvernante et la cuisinière à débarrasser les derniers vestiges du réveillon qui encombraient le salon, passa un moment dans la bibliothèque, et enfin se résolut à entrer dans son bureau – son *laboratoire musical*, comme il aimait à l'appeler. Il voulait, par acquit de conscience, relire sa partition, au cas où l'inspiration déciderait de souffler sur lui en ce jour béni entre tous.

Il avait à peine ouvert la porte qu'il remarqua deux paires de moustaches dépassant du couvercle du piano laissé entrouvert. Alarmés par un grincement, les rongeurs tentèrent de se sauver et, voulant fuir l'instrument, tombèrent l'un après l'autre sur le clavier. Pianissimo : trois notes, puis quatre. Maître Schiarrini fronça les sourcils, resta en arrêt. Telle était la combinaison parfaite qu'il recherchait en vain depuis si longtemps, et que les deux bestioles venaient de lui apporter sur un plateau. Les souris avaient déjà contourné le secrétaire en chêne massif et s'étaient précipitées au fond de la cheminée, où elles se disputaient en couinant. Chez l'une d'elles, il crut reconnaître la voix d'un vieux critique du New York Times et se surprit à rire quelques instants avant de se reprendre. Il s'assit alors, se pencha sur la partition dont il paracheva les dernières mesures, puis la rangea d'un air satisfait dans sa serviette de cuir.

Il sortit de la pièce et s'octroya un café, enfoncé dans l'antique mais confortable canapé du salon pour méditer sur l'incongruité de cet achèvement, avant de téléphoner à son agent, puis à son fils, afin de leur annoncer la bonne nouvelle – sans leur révéler le redoutable secret qu'il partageait avec deux muridés. Il fit un petit tour dans le parc enneigé, soliloqua aimablement devant un Amedeo interloqué, puis passa un long moment avec sa fille qui, essoufflée, revenait d'une matinale visite auprès de son amical jeune voisin. Un peu plus tard, par précaution, il fit disparaître de l'hôtel particulier tous les pièges à rongeurs qui le parsemaient. En outre, il décida que le chat serait dès le lendemain prié de partir en exil, et irait sans doute trouver refuge chez le directeur du conservatoire, qui ne connaîtrait jamais la raison de cette subite répudiation.

Enfin il retourna voir le Steinway – le Monstre, comme il l'appelait souvent, et c'en était un, en tant que véritable grand piano de près de trois mètres. Il posa un morceau de pain rassis dans un coin de la pièce à l'attention des souris et vint effleurer le clavier. Oserait-il encore déranger les nouvelles locataires de la cheminée ? Peut-être serait-il préférable de travailler au conservatoire, où il s'y sentait d'ailleurs souvent mieux pour composer. Hochant la tête, il vérifia que personne ne s'était encore établi dans la table d'harmonie, puis referma le couvercle.

« Nous nous verrons moins souvent, dit-il au monstre qui souriait encore de toute l'étendue de ses sept octaves. Moins souvent, mais je ne t'abandonne pas... Tu comprends pourquoi ? »

Le monstre ne cessait pas de sourire. Il comprenait. Il acceptait – comme d'habitude. Peut-être les souris viendraient-elles de nouveau lui chatouiller les cordes. Voilà qui l'avait bien amusé. Depuis qu'elles étaient là il se sentait moins seul. Le Maître avait décidé de lui offrir de la compagnie. Il lui en était reconnaissant. Les jours lui paraissaient parfois si longs, autrefois. Mais, décréta-t-il, le Maître était bon et juste. Et, sans avoir été sollicitées, toutes ses cordes se mirent doucement à résonner, par sympathie.

Dies Irae

Ne pas bouger. Regarder l'ombre qui goutte à goutte s'étale sur les vitres, regarder, au-delà, la mer immobile dans la tiédeur humide du soir. Ne pas bouger. Ne pas faire de bruit. Simplement rester debout, à regarder, à écouter la nuit qui approche.

Bruits d'ongles sur les vitres. Il pleut. L'ombre et l'eau ruissellent ensemble, lentement, et lentement se mélangent. Fracas de foudre qui explose. Les gouttes tambourinent avec plus d'insistance. Le vent se lève, encore faible – prélude à la tempête.

Pas de lumière dans la maison, l'étrange dôme de verre et d'acier posé au sommet d'une dune. L'homme qui l'occupe, seul, n'en a nul besoin. Pas de lumière, pas de bruit sinon celui de l'eau qui ruisselle. L'homme attend.

Un éclair vers le sud. Ne pas bouger. C'est presque nuit noire.

Étrange, on n'entend même pas les vagues se briser. Pas encore. Ça viendra.

Le murmure de la pluie. C'était si bon autrefois. Quand donc ?

Il ne sait plus. D'ailleurs il s'en moque. Il préfère oublier, pour échapper à la morsure cruelle du souvenir. Mais il ne peut oublier, il fait semblant – et la morsure n'en est que bien plus douloureuse.

Aller s'asseoir. Le fauteuil est face à la mer, on peut toujours regarder si rien ne vient, et ce serait idiot de rester indéfiniment debout.

Le vent se renforce. La pluie redouble. Près de la plage la mer est légèrement phosphorescente, lumière pâle qui danse.

De plus en plus d'éclairs. Désormais on peut entendre les vagues se rompre. Et en se brisant elles jettent une lueur verte sinistre.

Finir le verre de rhum, l'ultime. Fermer les yeux. Écouter la pluie, le vent, la mer. Dormir.

Non, pas encore.

Il en aurait pourtant bien besoin, lui qui veille depuis trois jours, depuis que le vagabond défiguré qui rôdait autour de sa maison a disparu. Il a peur. Il se demande ce qui lui est arrivé. Il imaginait que ce vagabond lui porterait chance – allez donc savoir pourquoi. Mais maintenant qu'il n'est plus là...

Il faut tenir encore un peu. Jusqu'à l'aube. Ce n'est pas si loin. Si besoin est il reste du café. Et une bouteille de whisky pour soutenir le moral.

Tenir. Le café est fort, le whisky est bon.

Il pleut comme jamais il n'a plu, le vent se déchaîne. La mer brille.

Une vitre vole en éclats. Puis une autre. Du verre partout. Les mains et le visage en sang. Peu importe. La bouteille est intacte.

Le bruit des vagues et le tonnerre confondus. Goût bizarre dans la bouche. C'est le sang. Les vitres se brisent l'une après l'autre. Le vent tourbillonne et arrache tout ce qui peut l'être.

Le whisky est encore meilleur avec du sang. Bien meilleur.

Il est ivre, mais pas encore assez à son goût. Boire encore. Il a la nausée, mais il continue, incapable de s'arrêter.

À qui est ce rire ? À moi ?

Qui, « moi » ? Je n'existe plus depuis longtemps, je suis mort... alors ce rire ce n'est pas moi. C'est impossible. Ces mains, ce sang non plus.

Impossible.

Se lever. Se rasseoir. Les blessures font mal, mais pas trop. La douleur ce n'est rien, quand on est mort. Rien du tout.

Le verre craque sous les pieds. Le vent hurle et dévaste. Le monde explose, encore. La pluie fouette le visage.

Des anges de feu se battent au milieu des vagues. Leurs cris sont étourdissants.

Il y a d'autres anges, des anges sombres, qui dansent autour de la maison. Et des anges blancs, à l'autre bout de la plage, qui viennent par ici. Mais ils n'ont pas d'ailes. Ni de visages. Est-ce que ce sont vraiment des anges ?

Il ne répond pas, car il ne trouve pas de réponse. À moins qu'il ne veuille pas en trouver. Avec l'ivresse et la fatigue, sa peur s'est transmuée en terreur, qu'il combat en buvant encore plus.

Ils avancent. Pas de visages, pas de regards. Les autres ont des yeux qui flamboient. Ou bien... ceux-ci porteraient-ils des armures ? Il y a si peu de lumière...

La pluie cingle. Le verre craque. La clameur des anges. Le sang.

Il pleut. Encore. Toujours. Pluie aux gouttes énormes.

Ils approchent. Cligner des yeux. Ils sont cinq, en armures immaculées. Viendraient-ils me chercher ?

Il boit deux gorgées. La bouteille est vide. Il la laisse tomber, se lève. Quelques pas en leur direction, et il s'arrête. La terreur s'est faite panique.

Non. Pas eux.

Derrière les vitres des casques, il lui semble discerner des visages. Ce sont cinq hommes qui se tiennent auprès de ce qui fut un orgueilleux dôme de verre et dont ne demeure plus que l'armature métallique. C'est une chasse dérisoire et vaine qui s'achève, l'apothéose d'un jugement absurde.

Non. Pas eux. Non. Je n'ai rien fait ! Ce n'était pas ma faute.

(Messieurs les conseillers, Monsieur le Vice-Président)

Je n'ai jamais voulu.

(nous n'avons désormais plus aucun retour en arrière possible.)

Ils doivent bien le savoir.

(Dans quelques minutes, nous porterons notre attaque comme prévu. J'en prends la pleine et entière responsabilité. Quelqu'un veut du café ?)

Cette guerre, avais-je le choix ? Je ne suis pas responsable.

(Les Chinois ? Quoi, les Chinois ? Qu'est-ce qu'ils veulent encore ? Quoi ? Leurs missiles ? Mais enfin !)

L'auraient-ils oublié ?

Les hommes dans leurs tenues antiradiations ne bougent pas. Regardent juste ce pantin décharné qui roule des yeux fous. L'un d'eux, lentement, tire une arme de sa poche.

Nul ne pense à lui parler. D'ailleurs il n'a plus rien à dire. Et quand bien même...

Celui qui tient l'arme lève le bras et vise soigneusement.

L'homme le regarde sans comprendre. Puis il y a la détonation, les anges de feu et d'ombre se ruent sur lui en hurlant.

Passacaille et Fugue
pour piano et orchestre,
opus 106

Dans la pièce voisine un téléphone sonnait et elle attendit quelques instants avant de tout leur répéter. À combien de reprises déjà l'avait-on exigé ? Et pour quoi faire ? N'avaient-ils pas noté toutes les variations possibles de son récit ? D'une voix lasse elle se mit en devoir de retracer, une fois de plus, les deux dernières journées. Il fallait s'exécuter, malgré la certitude que tout ceci était absurde, autant l'interrogatoire indéfiniment réitéré que les faits qui l'avaient conduite ici.

« Dans le troisième mouvement, entre les mesures 72 et 189, la partie soliste est injouable. Aucun pianiste n'a assez de doigts. Il en faudrait dix-sept. J'imagine qu'il n'aurait pas pensé que je jetterais un œil sur l'ébauche, mais lorsqu'il m'a surprise il a enfermé la partition dans son coffre. Furieux, mais sans rien dire. Pourtant j'en avais déjà trop vu. L'erreur a sans doute été… tout bêtement : un concerto pour deux pianos, qui aurait pu se douter ? Mais là, non, c'était impossible de ne pas estimer qu'il s'agissait d'autre chose. Parce que ça ne pouvait pas être une erreur de sa part. »

Elle avait discerné l'amorce d'un code dans deux signatures musicales répétées à intervalles irréguliers, celle à cinq notes qu'il utilisait depuis plusieurs mois, et une autre – dissonante à l'excès – qui, avait-elle imaginé, pouvait être une manière de ponctuation. Sa fichue mémoire lui avait fait retenir du premier coup les dix-sept premières mesures de ce passage si curieux. Bien sûr, on lui avait demandé de le retranscrire. Plusieurs fois, là aussi, sans doute pour vérifier qu'elle n'omettait rien. Pour la tester. Mais qui était le traître, l'espion ? C'était bien Stepan, et pas elle, qui avait fini par tomber dans la dissidence, puis pire. Trop de concerts à l'étranger. Trop de contacts. Dont ce chef d'orchestre qu'elle n'avait jamais aimé, Paul Fournier. Toujours dans un avion entre deux continents. Marié à une ancienne diplomate suisse qui entretenait un réseau de relations équivoques. Bref, un spécialiste de Sibelius peut-être, mais elle s'en était toujours méfiée. Il appréciait d'ailleurs trop la Fédération panaméricaine, pourtant si laxiste.

« Tout a commencé, je crois, lorsqu'il a eu l'idée d'utiliser des clés de chiffrement pour travailler ses œuvres d'une manière inédite. Les résultats bruts n'étaient jamais convaincants, mais il pensait pouvoir réussir à trouver une solution. Et puis il y a eu sa Sinfonietta pour deux orchestres, dédiée au maréchal Sterner, qui venait d'être nommé à la tête des Services. Un chef-d'œuvre, je dois l'admettre. »

Les mois passeraient alors, il volerait d'un succès à l'autre, autorisé à participer à des festivals et à diriger les plus belles phalanges. Vienne ne suffisait plus, il y aurait Amsterdam, Berlin bien entendu, Londres, Saint-Pétersbourg, Chicago, New York, Philadelphie, Stockholm, et Paris deviendrait une escale obligée. Il ne pourrait plus se produire ensuite durant trois ans, mais composerait sans relâche, pris de ferveur créatrice avec l'avènement du Quatrième Reich, qui allait si vite digérer l'Europe et avec lequel on allait, malgré tout, se compromettre sans trop d'états d'âme. Il deviendrait alors un des cinq compositeurs officiels, reprendrait enfin ses tournées, et Fournier s'empresserait de ranimer leur amitié.

« Il y a deux ans, le Philharmonique de Paris lui a commandé une symphonie. Il a traîné, traîné, ce n'était pas dans ses habitudes, puis il a décidé qu'il préférait se lancer dans un concerto. Ou une symphonie concertante si on y tenait. Bien sûr ils ont accepté, au fil des mois l'impatience de Fournier grandissait et ils n'auraient même pas refusé une toute petite pièce pour cordes. Ensuite, je ne l'ai plus beaucoup vu. Il s'enfermait des journées entières, et ne touchait jamais au piano, soi disant parce qu'il préférait se fier à son oreille intérieure. Mais je m'en fichais. Nous étions en bonne voie de divorcer, et j'avais d'autres préoccupations. Enregistrer l'intégrale des sonates de Haydn, ça dévore pas mal de temps. »

Les aiguilles des horloges tournaient désormais plus lentement. Ses deux interlocuteurs faisaient des efforts consciencieux pour étirer la moindre durée. Avalaient-ils une gorgée d'eau qu'un temps infini paraissait s'écouler avant qu'ils aient reposé le verre, puis ils passaient à la question suivante ou attendaient qu'elle complète son témoignage. La minutie était une de leurs exigences, elle ne comprenait pas pourquoi, parfois ne savait plus comment. Le brun était plus froid que le blond, il pianotait souvent sur le rebord de la table avec une légère exaspération, impossible de dire si c'était une manœuvre ou s'il avait autant qu'elle envie d'en finir. Parfois il effleurait sur sa joue la marque de son rang, minuscule entrelacs géométrique prouvant qu'il était du Second Cercle – pas n'importe qui, donc. Quant au blond, il n'arborait que le bracelet des Aspirants et son amabilité était factice. D'évidence il n'était pas de son côté, mais contre elle. Ce n'était pas une surprise : qui était emmené dans l'Édifice n'était jamais tenu pour innocent, même en tant que témoin. D'autre part, les Aspirants entamaient tous leur carrière avec un zèle censé accélérer l'avancement. « Vous avez l'air épuisée », remarqua-t-il sur un ton nonchalant. Sans doute sans vraiment y penser, ou pour l'inciter à être plus coopérative, alors qu'elle désespérait de pouvoir mieux faire.

« Fournier lui a envoyé une lettre il y a une semaine. Assez longue. Il détaillait ses remarques sur le troisième mouvement. Pourquoi c'était au début un *Allegro marcato* et pas un *Presto*, pourquoi ensuite *Andante con moto* et pas autre chose, ce genre de remarques. Et il y avait une analyse complète des mesures 72 à 189. Stepan était à Munich, invité d'honneur d'un colloque sur la musique à venir. Bah, ce n'était qu'un amusement. Bref, cette lettre, Il n'en a pris connaissance que mercredi dernier. »

En début de semaine, ce cher Sterner, cet adorable Friedrich, avait appelé. Il avait percé Paul Fournier à jour. Envisageait des mesures adéquates, et exigeait que Stepan vienne le voir dès son retour prendre ses ordres, en espérant qu'il ne s'était pas lui-même soit joué de lui, de l'Édifice et des Services, et n'avait pas grossièrement moqué la patrie. Elle avait subi cet assaut sans oser répondre. Que répliquer, d'abord ? Qu'elle avait déjà subodoré un double jeu ? Et ce n'étaient plus ses affaires. Le jugement de divorce avait été rendu, ils ne cohabiteraient plus que pour quelques jours, puis elle retournerait à Hambourg. Sans regrets ni espoirs.

« Je préparais mon déménagement. Stepan ne faisait pas attention à moi, ça ne lui faisait même ni chaud ni froid que j'aie lu la lettre, adressée à *Monsieur et Madame Wildmeyer*. Il l'a tournée et retournée dans tous les sens, durant une heure ou deux, est allé chercher son concerto, a comparé, grogné. Ce jour-là, après avoir lu le manuscrit, il est allé chercher des munitions dans sa chambre. Ce n'est pas qu'il avait peur, et puis au fond de quoi ? Je ne lui avais pas encore parlé de l'appel du maréchal, je ne comptais même pas le faire. C'étaient leurs histoires. Et le matin même, il avait envisagé de faire un saut au stand de tir du quartier pour s'entraîner. »

Après quoi il était sorti, la gratifiant d'un baiser nerveux et inattendu. Il emportait avec lui sa mallette à partitions, deux boîtes de cartouches, un pistolet, et son laissez-passer offert par son ami

Friedrich, pour lui permettre de venir le voir dans son bureau au sommet de l'Édifice sans chicaneries inutiles, et quand il le désirerait. Trois heures plus tard, le maréchal Friedrich Sterner, pilier de la Rénovation Européenne et du Quatrième Reich, maître de l'Édifice, des polices secrètes ou non, était abattu d'une balle en plein front. Durant l'heure suivante, une série d'attentats visait plusieurs unités régionales de gestion politique et trois des principaux centres de transmission. Six heures s'étaient écoulées que des rumeurs se déversaient sur la mort du Consul, on se réjouissait ici et là de celle de son bras droit chargé du contrôle intérieur. Après neuf heures, éclataient les premières émeutes dans les capitales périphériques du Reich. Sans que l'armée intervienne, paralysée par une série d'ordres contradictoires et confus, impossibles à authentifier.

Stepan restait désormais introuvable, on l'avait aperçu monter dans un avion, ou dans un train, ou conduire une voiture de location. Aucun témoignage n'était digne de confiance. Sauf le sien à elle, qui avait toujours suivi l'orthodoxie du Parti avec conscience, foi et droiture. Pourtant ça n'avait pas l'air de suffire.

« Je me suis couchée de bonne heure, sans allumer la radio. J'ignorais tout des événements. Les premières répétitions du concert d'ouverture des festivités pan-européennes m'avaient épuisée, je tenais à être en pleine forme pour la suite. Comme d'habitude dans ces cas-là, j'ai pris un somnifère léger. Je n'ai rien entendu de suspect. Puis vers deux heures vos hommes sont arrivés. Et vous connaissez la suite. »

Le brun reposa son stylo et la dévisagea avec ce qui pouvait être une ombre d'amabilité, mais elle ne parvenait plus à être sûre de rien. Il se pencha sur l'enregistreur, en retira la bande qu'il posa sur les précédentes avant d'en introduire une nouvelle. Puis il s'appuya contre le dossier du fauteuil, mains jointes. « Bien, émit-il alors lentement. Je crois qu'un élément nous échappe. Revenons au tout début. » Sur sa joue, la tache noire, très graphique, chatoyait. Elle ne quitta pas des yeux le symbole de l'appartenance à l'Ordre des Purs tandis que ses mains se crispaient sur les accoudoirs. « Très bien, murmura-t-elle. Peut-être effectivement ai-je oublié un détail important à propos du *motto perpetuo* de la symphonie. » Puis elle baissa la tête, prise d'un léger vertige. Juste durant quelques instants la lumière vacilla et elle se redressa alors, s'éclaircit la voix. Dans la pièce voisine, un téléphone sonnait en vain.

PEUT-ÊTRE

Quelque chose n'allait pas. Dans son demi-sommeil elle avait remarqué qu'il s'était un peu écarté d'elle, laissant entre eux un vide froid. Ses yeux étaient fermés et ses mains crispées sur le drap, mais il ne dormait plus.

C'était le matin. L'aube. Le vent faisait trembler les vitres et craquer la toiture. Il pleuvait. Elle aurait préféré pouvoir dormir encore bien plus longtemps, ne pas être gagnée par cette humeur maussade des mauvais réveils. C'était un dimanche. Un de plus.

Elle se tourna puis, allongée sur le dos, cligna des yeux. Elle aurait aimé qu'il la prenne dans ses bras, qu'ils achèvent de gagner les marges du jour en entremêlant leurs chaleurs, mais il était loin d'elle, au bord du lit, et ne bougeait pas.

*

Il se leva sans bruit et sortit de la chambre. C'était inhabituel. Elle l'écouta préparer le petit déjeuner, mettre la table, puis il y eut un long silence insupportable.

Accoudée, elle s'enlisait dans ce silence et sentait monter une inquiétude vague, trop imprécise encore pour qu'elle puisse savoir s'il fallait l'arracher net au lieu de la laisser croître. Quelque chose n'allait pas, c'était la seule évidence.

Elle se redressa un peu, secoua la tête, s'assit au bord du lit et demeura immobile. Elle hésitait à le rejoindre. Que se passait-il ? La question restait sans réponse. Depuis trois semaines il se comportait étrangement, était souvent renfrogné, presque silencieux.

Peut-être avait-il une maîtresse, idée maintes fois repoussée mais qu'elle commençait à prendre au sérieux. Peut-être. Deux mots, tout et rien, et finalement elle ne pouvait savoir. Elle n'ignorait pas qu'il s'éloignait d'elle, que peu à peu tout ce qu'ils avaient en commun s'effaçait. C'était très lent, mais très net. Elle en souffrait secrètement depuis des mois. Mais elle serrait les dents en s'efforçant de garder le sourire. Elle serrait les dents et se demandait si, en fin de compte, elle-même l'aimait toujours.

Parfois ce n'était pas évident. Demeurait cette douceur lorsqu'ils dormaient ensemble. Il leur arrivait encore d'avoir des moments de tendresse, mais ce n'était plus la même chose. Comme de l'eau, l'amour filait entre ses doigts. Il n'y avait rien à faire. Elle avait en vain tenté de lutter. Puis s'était résignée. Sans doute à tort, mais le reconquérir lui avait paru insurmontable. Peut-être même inutile.

*

Elle ferma les yeux. Les souvenirs montaient. Les larmes aussi.

D'abord il y avait eu un regard. Lointain, à l'autre bout d'une pièce. Des yeux noirs qui la fixaient avec curiosité. Un visage délicat, légèrement penché. Il leur avait fallu toute la soirée avant d'oser s'adresser la parole.

Plus tard. Elle ne se souvenait plus exactement quand. Si elle se rappelait de la date de leur rencontre, le jour où ils s'étaient revus lui échappait. Une semaine au moins s'était écoulée. Ils s'étaient promenés durant toute une après-midi, presque sans rien dire. Ç'avait été une journée étrange. Empreinte de douceur. Au départ il n'y avait eu entre eux que cela : la douceur.

Encore plus tard. Ils avaient fait l'amour. Il avait été d'une tendresse démesurée, elle avait admiré son corps dressé au-dessus d'elle, mince, brun, une fine sueur l'avait recouvert soudain et dans le plaisir son visage était devenu sublime. Ce devait être à ce moment qu'elle était tombée complètement amoureuse.

Des larmes coulèrent. Ça ne dura pas. Elle ne voulait pas qu'il s'aperçoive de quoi que ce soit et sécha ses yeux, puis attendit un peu avant de se lever. La mièvrerie de ses souvenirs lui était soudain insupportable. Alors qu'elle ouvrait les volets son regard se perdit par-dessus les toits, et elle sentit qu'elle était sur le point de se remettre à pleurer. Il ne fallait pas. Elle murmura « Philippe », comme si ce souffle allait le faire venir, attendit une minute ou deux, les yeux fermés, puis enfila sa robe de chambre, en noua lentement la ceinture, et le rejoignit à la cuisine.

Il avait terminé son petit déjeuner et lisait. Elle s'assit et il la dévisagea un court instant, comme s'il allait parler, et se replongea dans son livre. Elle aurait aimé oser lui demander ce qui n'allait pas, mais s'en sentait incapable. Elle préférait attendre qu'il parle de lui-même. Cette attente risquait de lui devenir intolérable.

Elle mangea peu et but trop de café. Quelque chose n'allait pas. C'était sa seule pensée. Puis elle alla s'habiller. Dans le miroir elle aperçut un désagréable visage de petit matin. Elle avait mal dormi. Un cauchemar l'avait torturée durant la nuit et elle s'était réveillée en nage, étouffant un cri. Elle ne s'en souvenait plus. C'était aussi bien.

Elle se coiffa lentement, se regardant à peine. À quoi bon. Puis elle se demanda ce qu'elle allait faire de cette journée. La réponse la plus évidente était : rien. Ils iraient peut-être se promener. Marcher ensemble dans les rues, silencieux, tout simplement *ensemble*. Ils le faisaient encore parfois, à de trop rares occasions. Mais elle ne l'espérait pas. Ce serait plus vraisemblablement une journée vide, un blanc entre deux semaines. Voilà tout.

*

Vint l'après-midi. Le vent avait balayé les nuages et un soleil éblouissant martelait la ville. Il avait prétexté avoir besoin d'une sieste pour ne pas sortir et elle était partie marcher seule. Elle ne savait pas où aller, mais peu importait.

Elle se rendit jusqu'au parc où elle croisa trop de couples qui paraissaient heureux. Leur simple vue lui était douloureuse. Elle le traversa au plus vite, jugeant inutile de s'attarder. Il y avait d'ailleurs trop de monde. Elle étouffait. Restaient heureusement les petites rues moins fréquentées. Un moins qui demeurait certes tout relatif. Elle préféra bientôt s'engouffrer dans le premier bar venu.

Il n'y avait pas grand monde. La tenancière maussade qui essuyait consciencieusement le comptoir ne se hâta pas de venir prendre commande. Elle attendit son café, regard perdu au loin, sentant croître cette souffrance indistincte qu'elle ne parvenait pas à réfréner. Il lui avait fallu se composer un visage serein, mais elle savait qu'elle ne réussirait pas à conserver ce masque très longtemps. Elle se concentra sur la salle, qui devait avoir peu changé depuis une vingtaine d'années. Peut-être même plus. Au fond, un quatuor de touristes s'acharnait à consulter un guide qui partait en lambeaux. Face à elle, pensif, un homme la regardait.

Elle avait à peine noté sa présence et, à vrai dire, *homme* était presque exagéré. Il avait l'air trop jeune pour prétendre au terme. Pour elle, *homme* exigeait qu'on soit dans la trentaine. Plus jeune, et elle parlait de *garçon*. Plus encore, et c'était un *gamin*. Celui-ci semblait en tout point correspondre à la définition *garçon*. Cette pensée lui arracha un sourire, auquel il réagit en détournant timidement le regard. *J'ai vingt-neuf ans*, songea-t-elle. *Il pourrait être mon petit frère.*

Il avait posé un livre sur le coin de la table et, pour le moment, en tripotait nerveusement la couverture tout en regardant dehors. Elle le dévisagea. C'était pour elle quelque chose d'inhabituel. Dévisager lui semblait particulièrement *indécent*. Mais il y avait en lui quelque chose qui attirait son regard. Une sensation de déjà-vu la parcourut. Sans nul doute la fatigue. Il lui rappelait toutefois indéniablement quelqu'un. Gaël. Gaël, tel qu'il était peu avant de disparaître lors d'un voyage en Amérique du Sud, sept ans plus tôt.

D'autres souvenirs firent surface. Gaël avait été un amant merveilleux, mais leur liaison avait été brève. À peine deux mois. Un jour ils s'étaient rendus compte qu'ils avaient fait fausse route. Ils avaient été heureux, ç'avaient été des semaines radieuses, mais qui ne pouvaient déboucher sur rien. Certes elle aurait ensuite parfois encore désiré dormir auprès de lui, mais finalement cela s'était estompé et ils avaient appris à se connaître pour de bon. Ça l'avait troublée que quelqu'un soit capable de la comprendre aussi bien. Même Philippe n'y était jamais parvenu.

Tous deux n'avaient jamais eu l'occasion de se rencontrer. Gaël n'aurait certainement pas apprécié le cruel manque d'humour et l'absence de légèreté de Philippe qui, de son côté, aurait sans nul doute désapprouvé l'immaturité joyeuse dont pouvait faire preuve Gaël. Il avait toujours, en tout cas, regretté qu'elle s'attache autant à se rappeler du temps où il était encore là.

Elle alluma une cigarette. Il lui adressa un regard furtif et se concentra sur son livre. La ressemblance était troublante. Il passa une main dans sa chevelure brune indisciplinée. Ayant terminé son café elle en commanda un second. Elle commençait à se sentir mieux. Était-ce *sa* présence ? Elle ne le savait pas, mais c'était après tout de peu d'importance.

Le soleil déclinait peu à peu, très lentement semblait-il. Le temps ne passait pas. Songeuse, elle ne remarqua pas qu'il s'était levé et se tenait auprès d'elle.

« Excusez-moi, puis-je vous emprunter votre briquet ? »

Même sa voix semblait surgie d'un autre temps.

« Asseyez-vous, dit-elle avant d'ajouter plus bas : S'il vous plaît. »

Il eut l'air surpris, mais alla chercher son livre et s'installa. Il souriait, timide et nerveux, paraissait ne pas trop savoir quoi dire. Elle lui tendit son briquet, en silence, le regarda allumer sa cigarette. Ses gestes semblaient aussi ceux de Gaël. Il y avait là quelque chose d'un peu effrayant. Il avait toutefois des mains plus délicates, plus fines. Que les ressemblances aient des limites la rassura. Autrement elle aurait pu croire qu'il s'agissait effectivement de Gaël, tout en sachant que c'était impossible.

« Vous me rappelez quelqu'un », dit-il enfin.

Puis il se tut, l'observant, n'osant s'aventurer plus loin.

« Vous aussi, répondit-elle. Vous me rappelez quelqu'un. Il y a longtemps. »

Elle eut un sourire un peu triste auquel il fit écho. Il ne devait pas être aussi jeune qu'elle l'avait estimé. Ce n'était pas très évident, mais si elle était plus âgée que lui, ce ne serait sans doute pas de beaucoup.

« Je me sens idiot, murmura-t-il.

— Alors nous sommes deux. »

Il y eut un long silence. La radio crachotait dans un coin. Elle hésitait, sentant un besoin de tout lui dire, de lui parler de Gaël, interminablement, dans une sorte de confession dont il n'aurait naturellement que faire. Mais pourtant, elle osa. À sa grande surprise il l'écouta jusqu'au bout, sans jamais l'interrompre. Lorsqu'elle eut terminé elle se sentit particulièrement stupide.

Son histoire à lui était différente, toute banale – et il eut l'air de s'en excuser. Il avait, simplement, aimé une femme à laquelle elle ressemblait, et qui un beau jour l'avait quitté pour un autre. Sa seule maigre consolation était d'avoir pu la rencontrer fortuitement à plusieurs reprises. Depuis trois ans, plus aucune trace. Il avait souffert plus qu'il aurait jamais cru le pouvoir. Pendant tout ce temps il avait eu quelques aventures, mais trop fugitives, inconsistantes. Toutes s'achevaient sur le constat désolant qu'elle était encore irremplaçable. C'étaient alors des jours déchirés durant lesquels il ne se sentait capable de rien.

Depuis quelques mois il allait, chaque semaine, soliloquer devant une psychothérapeute placide. Ces efforts pour tourner la page se révélaient vains. Il se sentait parfois *un peu* mieux après les séances, guère plus. Elle sourit. Elle était passée par là, elle aussi, avec un résultat semblable. Après une trentaine de séances elle avait commencé à ne plus avoir envie de parler dans le vide. Ce n'était pas ce dont elle avait besoin. Elle s'était mise, à la place, à tenir une sorte de journal, qu'elle avait abandonné lorsqu'elle s'était rendue compte que Philippe le lisait.

« Ce serait peut-être une solution, dit-il. En tout cas ça ne me ruinerait pas. Et je n'ai pas d'espion chez moi. À part le chat. »

Il sourit. Un sourire plutôt amusé, cette fois-ci.

Elle adorait les chats. Philippe ne pouvait les supporter plus de quelques secondes, et c'était un défaut qu'elle lui pardonnait de plus en plus difficilement. Elle lui demanda de parler du chat et il s'exécuta de bonne grâce. Ils se sentirent vite plus à l'aise.

« Virginie », dit-elle en tendant la main.

Il la serra avec douceur.

« Gaétan. »

Ils discutèrent encore, de tout et de rien, laissant filer le temps. Elle parvint même à rire, ce qui lui arrivait de plus en plus rarement. Philippe n'était pas le genre d'homme propice aux joies exubérantes. Elle le regrettait souvent, qui éprouvait le besoin de teinter sa mélancolie d'un peu de gaieté. Dans les yeux de Gaétan, ces grands yeux clairs dans lesquels elle craignait presque de se perdre, se mêlaient tristesse et comme des lueurs d'espoir. Plus elle le regardait, plus elle se sentait proche de lui. Quelque chose la retenait en sa compagnie. Mais il se faisait tard. Vint le moment où il fallut se résoudre à partir.

*

Au moment de se quitter, ils se risquèrent à échanger leurs numéros de téléphone. Elle ne songea même pas que ce pouvait être une imprudence. Il n'y avait après tout là aucun mal. Mais ce pourrait éveiller la suspicion de Philippe. Sur le moment elle n'envisagea pas cette possibilité, il n'était pas encore temps de s'en préoccuper. Un peu plus tard elle décida de ne plus y penser.

Elle rentra sans se presser, et le soir lui semblait le mouvement lent de quelque quatuor de Mozart. Elle ne savait ni pourquoi un quatuor ni pourquoi Mozart, ni pourquoi dans la voix de Gaétan il y avait un *quelque chose* qui lui évoquait également et Mozart, et un quatuor.

Le ciel était limpide. Malgré les réverbères, c'était un déferlement d'étoiles, qui s'écoulait entre les façades des immeubles, depuis le haut de l'avenue, et allait se fondre dans les lumières vives du carrefour, loin derrière elle. Elle se sentait presque heureuse. Ce n'était qu'un *presque*. Malgré tout elle s'en satisfaisait. Elle tenait entre ses doigts le scintillement d'un astre et, si ténu fût-il, elle comptait bien ne pas le lâcher.

*

L'appartement était désert. L'absence de Philippe la surprit, alors qu'elle s'attendait à le trouver, assis près de la fenêtre du salon, plongé dans un livre. Elle posa ses clés sur le guéridon et laissa passer quelques secondes avant de refermer la porte. Puis quelques autres encore avant d'allumer. C'était une étrangeté de plus. Où était-il ? Elle quitta son manteau, le posa sans bruit sur une chaise. Pendant quelques instants elle prit peur, croyant soudain que cette absence serait définitive. Mais il avait laissé un mot sur la table de la cuisine. Son père allait mal. Il avait dû se rendre à l'hôpital, sans doute rentrerait-il tard.

Elle s'assit. Un silence pesant régnait, tout juste entendait-elle passer quelques voitures. L'immeuble semblait désert. Elle ferma les yeux, quelques instants, puis se releva pour brancher la radio. Elle fit semblant d'écouter les dernières nouvelles, éteignit tout, et dans la pénombre gagna le salon.

Plus tard le téléphone sonna. Elle avait pris un livre. Face à elle la télévision déversait ses images en silence. Elle hésita, mais sa main décrocha le combiné comme malgré elle. À l'autre bout de la ligne, comme un bruit de pluie et des cris d'oiseaux. Il y eut quelques grésillements, puis la tonalité. Elle raccrocha. Sans doute une erreur. L'appel semblait venir de loin.

Elle reprit sa lecture sans vraiment parvenir à se concentrer. Inquiète elle regarda le téléphone. Personne, pas la moindre voix, juste de la pluie et des oiseaux. C'était étrange. Elle posa le livre. Comment quelqu'un, semblait-il à l'autre bout du monde, avait-il pu faire un tel faux numéro ? Subitement elle pensa de nouveau à Gaël, s'imagina que c'était lui, qu'il était toujours vivant, qu'il s'était décidé à l'appeler, et avait pris peur au dernier moment. Après tout rien ne disait qu'il était mort. L'avion qui l'emportait vers Lima s'était écrasé – seule certitude. Mais on n'en avait jamais retrouvé l'épave. De sorte qu'elle elle avait toujours espéré le voir réapparaître. Cet espoir qu'elle avait enfoui refaisait soudain surface.

Ce n'était pas raisonnable. Elle tenta sans succès de se ressaisir. Il y avait trop peu de chances pour que ce soit lui. Malheureusement trop peu ne signifiait pas *aucune*. Cette pensée lui occasionna une petite morsure. Elle se laissa aller et pleura sans retenue. L'espoir se mêlait aux regrets, éveillait une douleur qu'elle masquait depuis si longtemps qu'elle n'en était que plus vive. Si Philippe avait été là elle aurait résisté. Mais il ne revenait toujours pas. Et d'ailleurs sa froideur ne l'aurait peut-être pas aidée à réprimer ses sanglots.

Elle saisit la télécommande et éteignit la télévision. Elle n'aspirait plus qu'à se perdre dans le sommeil, même pour se réfugier dans de mauvais rêves. Ils l'accompagnaient depuis sept ans. Ces dernières semaines, ils l'assaillaient presque chaque nuit. Les somnifères n'y changeaient rien. C'était seulement pire sans eux.

Quelque part une sirène ulula alors qu'elle se déshabillait. Interdite, en arrêt, elle écouta ce cri sinistre s'éloigner puis alla prendre une douche. L'eau brûlante emporta un peu de sa souffrance. Moins qu'elle l'aurait voulu, mais elle ne pouvait s'attendre à mieux. Alors qu'elle se séchait le téléphone sonna de nouveau. Longtemps. Elle s'était assise sur le rebord de la baignoire. Elle écoutait. Puis le silence revint, mutisme opaque de la nuit. Elle alla se coucher, prit deux cachets bleus, et attendit. La pluie était revenue. L'eau cascadait sur le toit. Elle ferma enfin les paupières. Sombra.

*

Philippe rentra au petit matin. Il s'efforça de ne pas la déranger, mais elle était éveillée depuis longtemps.

« Il va mieux, murmura-t-il en s'asseyant sur le bord du lit. Un peu mieux. »

Elle ne savait pas quoi répondre. Elle n'avait vu son père que deux fois. Un vieillard vigoureux au regard perçant, qui pourtant se laissait dériver vers la mort depuis qu'un infarctus avait failli le terrasser, quelques mois plus tôt. Philippe ne parlait guère de lui. Ils s'entendaient mal, et évitaient de se voir, sauf dans les moments difficiles.

« Tu devrais dormir un peu. »

Il secoua la tête. Dormir, il n'y parviendrait pas. Elle le regarda, considéra ses traits tirés par une nuit d'angoisse, et lui prit la main. Ils restèrent ainsi quelques minutes sans rien dire.

« Je vais faire du café », dit-il.

Il sortit de la chambre et ce fut comme si un air froid s'y engouffrait. Lundi matin. Une nouvelle semaine. Elle regarda le réveil. Il était l'heure de se préparer. Aller travailler ne l'enchantait pas. Du moins, s'affairer pendant cinq jours lui permettrait de ne penser à rien d'autre.

Elle prit son petit déjeuner, et s'enfuit hors de l'appartement, marchant à pas rapides pour gagner son bureau. Le vent avait tourné au nord. Les nuages s'effilochaient sur la ville. Elle se sentait vide. Un sentiment qu'elle ne connaissait que trop bien. Elle s'en accommodait. Il le fallait bien…

*

Plusieurs soirs de suite, avant de quitter le travail, elle tenta d'appeler Gaétan. Il ne répondait pas. Le désir de l'entendre s'aiguisait à chaque fois. Il lui arriva de tenter de le joindre plus tard, à peine rentrée. Sans résultat. Renonçait-il à décrocher, sachant que c'était elle ? Elle craignait qu'il ait fini par considérer leur échange de numéros comme inopportun. Ce qui ne l'empêchait pas de s'acharner.

De son côté, Philippe ne lui adressait la parole qu'avec parcimonie, comme si quelque chose le perturbait de plus en plus. Elle n'osait toujours pas lui demander quoi.

Il rendait chaque jour visite à son père, qui se remettait difficilement – mais elle ignorait encore de quoi, car il refusait d'en parler. Lorsqu'il rentrait, il dînait rapidement, s'asseyait devant la télévision, fuyant son regard. Il semblait délibérément l'ignorer. Pourquoi ? Si, comme elle se l'était imaginée, il y avait une autre femme, peut-être craignait-il d'en parler, d'en finir avec cette comédie.

Ou bien avait-il senti quelque chose. Elle fixait parfois le téléphone durant de longues secondes éperdues, sans s'en apercevoir. Il avait dû le remarquer. C'était inévitable. Peu à peu elle s'arrangea pour que le combiné soit caché à sa vue. Elle suggéra même à demi-mots qu'il retrouve son ancienne place, dans l'entrée. Philippe parut amusé. Le téléphone ne bougea pas.

La semaine s'écoula. Harassée, ce fut presque avec soulagement qu'elle accueillit le vendredi soir.

Elle rentra en flânant comme elle le faisait parfois, malgré le froid qui était devenu vif. En chemin elle s'arrêta dans une cabine téléphonique. Elle connaissait désormais le numéro de Gaétan par cœur. Un numéro qui, lui annonçait une voix sans âme, n'était plus attribué.

*

Le téléphone se manifesta juste à son retour. Elle se précipita : de la pluie, des oiseaux. Elle cria presque. « Je suis là, où es-tu ? » Peut-être un vague murmure, avant que la communication ne soit coupée. Elle raccrocha et s'assit, cœur battant. Sonnerait-il de nouveau, cette fois-ci ? Mais non, rien, et au bout de longues minutes elle songea enfin à se débarrasser de son manteau, de son écharpe et de ses gants. Puis elle s'affaira dans la cuisine, mangea, accueillit Philippe qui se montra plus silencieux et maussade que jamais, et attendit que la soirée s'achève.

Cette nuit-là elle ne réussit pas à s'endormir, trop encombrée de pensées qui tournoyaient sans s'arrêter. Elle n'était pas tombée amoureuse. Elle n'avait même pas songé que Gaétan pourrait devenir son amant. Mais elle éprouvait un sentiment étrange, indéfinissable.

Prenant garde à ne pas faire de bruit, elle se leva et alla lire dans la cuisine. Les nuages jouaient avec la pleine lune. Elle parcourut quelques pages. Du livre une petite feuille livide s'échappa et tomba sur le carrelage. Elle la ramassa et allait la remettre en place, lorsqu'elle eut l'idée de la retourner.

Ses mains tremblèrent. Au feutre noir, il était écrit en lettres capitales : JE SUIS GAELTAN. Ainsi, songea-t-elle aussitôt avec un frisson déplaisant, Philippe savait. Il avait laissé là cette page, cette moquerie cruelle, certain qu'elle la découvrirait. Pourtant elle ne reconnaissait pas son écriture. Mais ça ne voulait rien dire. En tout cas il était évident qu'il savait, et tout aussi évident qu'elle ne dirait rien, jusqu'à ce qu'il l'interroge. Elle remit la feuille à sa place. L'espace d'un instant elle crut reconnaître la façon qu'avait Gaël de tracer les lettres. Mais c'était absurde. Elle chassa cette pensée.

*

Au matin, il pleuvait. Elle sortit poster quelques factures, fit le tour du marché et alla finalement s'échouer dans la bibliothèque. Elle était épuisée et eut du mal à choisir le livre dans lequel elle errerait un temps avant de rentrer. Dehors l'averse se mêlait de grésil qui, emporté par de subites bourrasques, crépitait sur les vitres.

Là, elle se sentait *bien*. Il y avait l'odeur des livres, il y faisait tiède, les bruits étaient étouffés. L'endroit était favorable au recueillement. C'était un refuge au sein du tumulte du centre-ville, et elle aimait le calme qui y régnait. Elle pouvait rester des heures, presque sans lire, à savourer le bruissement des pages, les chuchotements échangés dans la salle de lecture.

Un de ses vieux professeurs hantait les lieux, qui arrivait tôt et s'installait tout au fond, près d'une fenêtre, déballant minutieusement tout un attirail de crayons, de feuillets qu'il noircirait frénétiquement, et de carnets qu'il compulserait tour à tour.

Depuis plusieurs mois, il s'était mis dans l'idée de faire publier les textes d'un de ses anciens étudiants, qu'une voiture folle avait fauché sur un pont le soir du nouvel an. Il avançait lentement dans sa tâche. Les carnets n'étaient pas en ordre. Les nouvelles avaient été écrites d'une façon plutôt curieuse, s'enchevêtrant comme au hasard. Les pages s'en mélangeaient au gré de l'inspiration, sans se suivre. Et les réécritures se succédaient, sans que soit jamais indiqué quel fragment, et dans quel carnet, était définitif. Tenter de s'y retrouver était périlleux. Mais il s'acharnait, sachant qu'il n'aurait peut-être qu'à peine le temps de mener à bien cet ultime projet.

Ce matin il était là, fidèle au poste. Elle alla le saluer, comme à son habitude, mais il avait l'air absent. Les crayons étaient alignés, les carnets empilés, mais les feuilles du jour étaient vierges. Surprise, elle lui jeta un regard interrogateur et il l'invita à s'asseoir.

« Je ne sais plus si j'y arriverai, commença-t-il. Je suis trop vieux. Je n'ai plus assez de temps. Il me faudrait encore un an, mais je crains de ne pas y avoir droit.

— Mais vous êtes en pleine forme, répondit-elle, rougissant aussitôt d'avoir prononcé une telle platitude.

— Apparences, apparences. Et vous-même n'y croyez pas. Je le sens. Mais ce n'est pas tout. »

Il la dévisagea, la jaugea. Pouvait-il lui faire confiance ? L'ayant fixée longuement, il regarda ailleurs et dit, tout bas, d'une voix soudain pâle :

« Je l'ai revu. » Elle sursauta. Il sourit et continua. « Bien, je suis peut-être fou. Qu'importe ? Le fait est là. J'étais au café, il est entré et est venu directement s'asseoir à ma table. Rien ne pouvait me faire douter. C'était lui. Et pourtant, je n'ai jamais cru aux fantômes. »

Il s'interrompit. Elle était devenue blême.

« Vous croyez que je suis dérangé, n'est-ce pas ? Je ne peux pas vous donner tort. »

Elle secoua la tête.

« Non, non, murmura-t-elle. Continuez, s'il vous plaît.

— Bien. Il s'est assis, et il m'a dit que ce n'était pas la peine, que je ne devrais pas m'acharner pour si peu. Je n'ai vu passer ni le printemps ni l'été, comprenez-vous ? J'étais ailleurs. Il me l'a reproché. Pas directement, mais je l'ai senti. Peut-être ai-je vécu mon dernier printemps, mon dernier été, et qu'il le savait. »

Elle ne répondit rien, rendue muette par cet étrange aveu. En retour elle fut tentée de lui parler des singuliers coups de téléphone qu'elle recevait. Mais il n'y avait aucun rapport. Il n'avait à l'évidence plus toute sa tête, mieux valait ne rien dire. Dieu seul savait comment il interpréterait tout cela.

« Allez-vous bien ? demanda-t-il enfin d'un ton empli de sollicitude.

— Oui, oui, tout va bien, balbutia-t-elle. Je suis juste... fatiguée. Vous savez ce que c'est : le travail... »

Une nouvelle fois elle se sentit ridicule. Pourquoi ne savait-elle pas lui parler autrement que de cette façon stupide et affectée ?

« Nous nous connaissons bien, répondit-il en lui tapotant la main. Il y a autre chose, inutile de me raconter des histoires. Je ne vais pas vous torturer, mais si vous éprouvez le besoin de parler… »

Elle secoua la tête. À quoi bon ? Chacun ses chimères, elle garderait les siennes.

« Je dois rentrer, chuchota-t-elle.

— Oh, bien sûr, bien sûr. Et pardonnez-moi. Je crois vous avoir un peu effrayée. » Il ouvrit un carnet et saisit un crayon, souriant. « Filez vite, avant que je ne vous fasse encore plus peur. Je vais travailler un peu. Que pourrais-je faire d'autre ? Il faut bien passer l'hiver. »

Elle répondit par un hochement de tête et se leva, lui serra brièvement la main et s'éloigna. Au moment de sortir de la salle elle se retourna. Un jeune homme avait pris sa place. Le professeur le regardait, pétrifié. Elle demeura devant la porte, indécise, bloquant le passage. Deux lycéens durent la bousculer pour entrer. Elle se secoua et se dirigea vers la sortie. Quelle idiote. Elle avait soudain failli le croire.

*

La pluie était glaciale. Elle pressa le pas, car elle devait faire un détour par la galerie commerciale. Pourquoi ? Elle avait oublié. Quelle était cette course si importante, et dont elle ne se souvenait plus ? Elle se mordit les lèvres. La mémoire lui jouait souvent des tours.

En chemin elle acheta un bouquet de roses blanches, aux pétales ourlés de jaune. Le choix n'était pas judicieux : elles se confondraient avec la pâleur des murs du salon. Mais elle aimait par dessus tout les roses blanches, c'était en quelque sorte son vice secret. Philippe... Philippe pouvait bien aller au diable, lui qui détestait le parfum des fleurs. Elle pouvait bien, pour une fois, s'octroyer ce menu plaisir.

Elle pénétra dans plusieurs magasins, mais il semblait que se rappeler l'objet de sa quête serait vain. La situation commençait à l'amuser légèrement. Il valait mieux en sourire. Elle nota au passage un manteau qui remplacerait avantageusement celui qu'elle portait depuis cinq ans, auquel elle était tant attachée qu'elle n'osait encore l'abandonner, malgré quelques déchirures dans la doublure.

Puis elle décida de rentrer. Elle commençait à avoir faim et l'heure du déjeuner était proche. Les roses rejoindraient le vase en cristal, souvenir d'un amoureux transi, au temps du lycée. Le gratin qui patientait au réfrigérateur rejoindrait le four. Elle aurait ainsi le temps de se réchauffer, puis ils passeraient à table – Philippe s'occupant de dresser le couvert.

Traversant en sens inverse la galerie, elle jeta un dernier regard aux vitrines, avant de s'arrêter devant l'étalage du marchand de journaux.

Après sept ans, le mystère du DC-10 d'Amazonas bientôt éclairci.

Le bouquet lui échappa des mains.

Une équipe de prospection pétrolière a par hasard retrouvé, il y a près de trois semaines, l'épave du vol 325. Dans les mois qui avaient suivi le crash, les recherches menées par l'armée brésilienne s'étaient révélées vaines. Selon les premiers éléments communiqués, une... Il lui fallut aller s'asseoir. Un homme vint lui ramasser les roses qu'elle avait laissé tomber. Elle le remercia à peine. Une boule se formait dans sa gorge. ... causer la perte de l'appareil. Il semble toutefois évident qu'il n'y avait eu aucun survivant parmi les 137 passagers. Surtout, il ne fallait pas pleurer. Pas ici. Nulle part. Ne rien montrer. Elle se releva, épousseta par réflexe son manteau et, presque en courant, se précipita chez elle.

Elle entendit la sonnerie du téléphone alors qu'elle était encore dans la cage d'escalier. Elle monta les deux derniers étages le plus vite possible et se rua dans l'appartement.

Philippe avait décroché. Son visage était plus fermé que jamais.

« C'est pour toi. »

Il lui tendit le combiné. Était-ce Gaétan, enfin ?

C'était bien lui. Ils bavardèrent quelques minutes, légèrement, superficiellement. Philippe écoutait, aussi ne pouvait-elle se permettre que des banalités. Quand elle raccrocha il était près d'elle, la fixait durement

« Il appelle depuis un mois. Une voix jeune. Comme venue de vraiment loin. Très gentil. Très doux. »

Des yeux accusateurs. Avait-elle, ou avait-elle eu une aventure ? Elle tourna la tête. Un mois. Ce n'était pas possible – ils ne s'étaient rencontrés que le dimanche précédent.

« Le téléphone sonne, tu n'es pas là, il s'excuse. Il appelle toujours quand je suis seul. Est-ce que tu peux m'expliquer ? »

Sa voix était calme, comme toujours. Calme et glacée. Expliquer ? Non, elle ne pouvait pas. Un vertige lui caressait la nuque. Gaétan, ou Gaël ? Elle regardait dans le vide. Le vertige devenait plus pressant. Et si le vieux professeur avait dit vrai ? Et si elle-même ?... Elle s'assit. Un mois. Pourquoi ne lui avait-il encore rien dit ?

Elle fixa ses mains, serra les poings. Deux mots revenaient inlassablement.

Peut-être.

Elle attendit. Philippe demeurait muet, debout à l'autre extrémité de la pièce. Qu'y avait-il encore à dire ? Rien, plus rien.

Gaël ?

Peut-être – mais c'était insensé.

Devant ses yeux le voile blanc du vertige devenait presque palpable, lui ôtant toute force.

Le téléphone sonna encore. Elle ne bougea pas. Elle regarda Philippe qui secoua la tête rageusement et sortit en claquant la porte. Elle ne parvint pas à décrocher. Le silence finit par revenir, le vertige par refluer.

Peu après, il se mit à neiger.

ŒDIPE AU LABYRINTHE

Assis dans un escalier au béton glacial. Tout en bas une porte ouverte sur la lumière blafarde de néons scandant un couloir qui, après une porte similaire elle aussi ouverte, mène à d'autres marches s'enfonçant vers la pénombre. Du gris et du blanc. Des murs nus. Sur le linteau, comme peint à la hâte : *Entrée interdite, danger.* Je descendrais volontiers en courant. Tentation dérisoire. Mon pouls s'est accéléré. Je sais que la porte ne s'ouvre que rarement deux fois pour chacun.

Je sens leurs regards dans mon dos. Ils sont restés en surface, piétinent dans la neige, hésitent, attendent. Vaguement inquiets. Des entrées interdites, nous en avons franchi un bon nombre avant d'arriver ici. Mon souffle s'est fait court. Voulais-je vraiment venir ? Je ne sais plus. Sans doute, sinon je ne serais pas ici. J'enlève mes gants, effleure la marche, me penche en avant pour mieux voir. Il n'y a rien hormis du gris et du blanc, un couloir, un escalier.

Elle me rejoint. Vient s'asseoir à côté de moi. D'eux tous, je savais qu'elle seule oserait descendre, ne serait-ce que de quelques marches – elle n'a pas le droit d'aller plus bas. « À toi de voir ». Elle sourit. Elle est certaine que j'irai. Pour quoi faire, en vérité ? Mauvaise question, pas de réponse. *Entrée interdite – danger –*. « À toi de voir. Tu fais ce que tu veux. »

Je remets mes gants. Regarde encore, longuement, me lève, toujours hésitant.

La porte est ouverte. C'est mon tour. Je peux la franchir ou repartir, mais alors je n'aurai peut-être pas de seconde *chance*.

*

Elle est remontée. Je me retourne quelques instants. La nuit est tombée, il neige encore. Je distingue à peine, quelques mètres plus haut, des ombres qui se dandinent dans le froid et l'attente de voir si je disparaîtrai dans le couloir, finalement, ou si je renoncerai. Pour l'instant, je n'en sais rien. Est-ce que j'oserai ? Est-ce que je voulais vraiment venir ? Pourquoi ?

Toujours les mêmes questions. Sans compter celle-ci : et *avant* ? Mes souvenirs ne remontent guère plus loin qu'à mon réveil dans une chambre livide, il y a quelques semaines. Pour tout dire, j'ai bien du mal à me rappeler autre chose. Après ce réveil, quoi ? C'est si vague. Et *avant* ?

Je ferme les yeux. Il n'y a pas d'avant, pas plus que d'après, sauf si on franchit la porte. Voilà tout ce que je crois savoir. *Après* c'est *derrière* la porte. Si je veux un *après*, je devrai *descendre*.

Voilà pourquoi je suis venu. Finalement, la réponse était à portée de main. Pour l'*après*. Maintenant que je sais, je pourrais toujours choisir de repartir, à condition que renoncer soit l'option convenable. Mais je ne crois pas. Sinon, à quoi bon cette porte ouverte ?

Je me retourne encore. Accroupie en haut des marches elle m'observe. Les autres se sont regroupés derrière elle. J'aurais cru qu'ils se lasseraient, qu'ils disparaîtraient, retour à la case départ – éparpillés en ville. Elle sourit encore, invitation légère : *mais descends donc*. J'ai entendu dire que certains sont chargés d'inciter à partir, de veiller à ce que la porte ne reste pas ouverte pour rien. Elle, peut-être ?

En haut. Des bâtiments aux fenêtres béantes, carcasses vides. Une aire de stationnement déserte. Des grilles, des portails béants – mais toujours *Entrée interdite* –, des allées recouvertes de neige et de glace, des voies ferrées qui ne mènent nulle part, des hangars qui tombent en ruine, un espace abandonné. Et pourtant ici, en bas : derrière une lourde porte de fer, rouillée mais ouverte, un couloir quant à lui parfaitement net, comme neuf, avec des néons allumés. Qu'est-ce que ça peut bien cacher ?

N'y vas pas. Voix timide de la prudence – de la peur ? Je sens confusément que je ne peux pas me permettre de reculer. Bien sûr il y a la peur, mais je ne veux pas lui obéir, pour une fois. D'un autre côté cette porte est une tentation – *allons, franchis-moi* –, mais je ne peux pas plus obéir à une tentation.

Est-ce pour cela que j'attends ? je n'ignore pas que mon temps est compté, mais je dois d'abord choisir – il n'est pas question de fuir ou de me laisser attirer. Là est le piège. Je ne peux désormais rien faire sans l'avoir décidé.

Or je veux un *après* et, par conséquent, je *dois* descendre.

En haut : rien. Sauf elle, en fait. En bas : l'incertitude. Mais c'est toujours mieux que rien.

*

Tu penses trop. C'est vrai, c'est bien vrai. Je pense toujours trop. Ça ne me mène souvent à rien. En acceptant de venir, j'avais implicitement décidé que je franchirais la porte. Il n'y a plus à se poser de questions. Je relève mon col, expire profondément, entends aussitôt un piétinement : ils se massent. Sans me retourner une nouvelle fois, je lève un bras en guise d'adieu, descends, franchis la porte, m'arrête un peu étourdi. Elle crie « Bonne chance ! », et le battant se referme avec un grincement sinistre.

*

Voilà. Et maintenant ?

J'avance. Le couloir semble si long, c'est comme s'il s'étirait à mesure que je le parcours. La lumière décroît également, les néons palpitent. J'essaie de ne pas douter. Il faut me convaincre que j'ai fait le bon choix. Je me mets à marcher plus vite. C'est interminable. Chaque néon franchi s'éteint. Je ne me retourne pas. La porte doit désormais être loin de moi, dans les ténèbres. Éliminer la peur. *Entrée interdite*. Pourtant *moi* j'avais le droit, non ? La porte *m'*était ouverte. *Danger*. Bien sûr, mais entre ça et la certitude du *rien*...

J'arrive au second escalier. Je résiste à l'envie déraisonnable de le dévaler et m'arrête. Des sons confus montent. Il me semble y discerner des voix, peut-être bien un rire – et elle riait ainsi, je m'en souviens.

Marche par marche. La seconde porte s'est refermée sur le couloir. L'escalier descend comme à l'infini, tout droit, pour aboutir à un palier qui depuis cette distance me paraît minuscule. Et là-bas, encore une porte. Pas assez ouverte pour que je puisse voir derrière. Pas assez fermée pour que je ne distingue pas le rai de lumière qui passe par l'entrebâillement.

*

Je faisais partie du *Groupe Bleu*. Il y avait deux autres groupes : *Orange*, et *Vert*. Chacun détenait la garde d'une portion du périmètre de la ville, soigneusement délimité par des bornes. Un peu à l'écart, *La Zone* était commune, hormis pour les trois portes. Chaque groupe avait la sienne. L'inutile hôpital, situé en en sa périphérie, avait été plus ou moins reconverti en centre pour les nouveaux arrivants qui apparaissaient, de nuit, et étaient récupérés par les patrouilles qui se relayaient pour les accueillir.

À chacun était échu l'appartement de l'un de ce ceux qui venaient de *traverser*. On s'habituait vite à l'absence de magasins, aux frigos et aux placards qui se remplissaient tout seuls, aux saisons qui duraient deux semaines – parfois moins –, mais pas à l'absence de souvenirs ou de perspectives autres que celle de pouvoir, un jour, avoir le droit de franchir une porte.

Les souvenirs, ici, avaient tendance à s'effilocher rapidement. Personne ne se formalisait de ne pas être reconnu par quelqu'un avec qui on avait longuement discuté trois jours plus tôt. C'était monnaie courante, et on savait que nos propres souvenirs n'étaient ni fiables, ni solides. Certains demeuraient, d'autres non. Mémoire des lieux, des écrits, des histoires colportées. L'oubli des rencontres, des visages et des voix, était en revanche courant. Chacun savait par contre que son tour viendrait de franchir une porte : ceci restait, puisque ce n'était pas un souvenir.

Le périmètre de la ville était gardé pour prévenir d'un danger – indéfini – qui surgirait d'au loin. On parlait à voix basse d'autres villes, d'autres portes, villes ravagées, portes à jamais fermées, parce que des *inhumains* auraient franchi le passage. Je tenais tout ceci pour une manière de superstition ridicule, mais m'acquittais de mes gardes sans sourciller.

*

Étrange que la mémoire se réveille. Plus je descends plus je me souviens – certes pas plus loin que le jour de mon arrivée. La porte du palier s'est refermée. Si doucement que je ne m'en suis pas aperçu tout de suite. Désormais il n'y a plus que la lumière chiche d'un néon tremblotant. Et devant la porte, une chaise. Premier signe d'une existence de mobilier, *en bas*.

*

On n'en parlait pas, mais certains, rares, étaient déjà remontés. On les comptait sur les doigts d'une main – leurs noms étaient inscrits dans un registre conservé à la bibliothèque. J'avais rencontré l'un d'eux. Rencontre presque aussitôt oubliée. Il s'appelait ou voulait être appelé Anton. Lui était revenu parce que les escaliers l'avaient en quelques minutes ramené à son point de départ. Comment avait-ce été possible, il ne le savait pas. Mais comme il descendait, soudain il s'était retrouvé *en haut* des marches de l'escalier qui menait à la porte qu'il venait à peine de franchir. *Tel est mon labyrinthe.* Il disait qu'il devait trouver une ville creusée dans des falaises de marbre, au bord d'un fleuve rouge. Là se situait sa *vraie* porte. Ou seulement une autre porte à franchir avant l'ultime. Ou sa destination.

Le lendemain de notre discussion, il était parti, sac au dos, vers l'ouest. C'était un été. Je l'avais croisé sur la grand-place et, alors que je ne me rappelais pas de lui, l'avais accompagné jusqu'à ce que la route disparût dans la végétation. Nous nous étions dit adieu, mais il avait ri : qui savait s'il ne serait pas de retour d'ici peu, ayant traversé une autre porte ? Le soir même quelqu'un m'avait demandé où était Anton. Quel Anton ? Je ne connaissais pas d'Anton. On m'avait répondu : *Peu importe*. Formule rituelle. Quand une question demeurait sans réponse, ici, on concluait rapidement par un *Peu importe*. Puis on évoquait un autre sujet.

*

Au-dessus de la chaise, un petit écriteau : *Patientez avant d'entrer*. Je m'assieds. Pourquoi faut-il que j'attende, maintenant ? Mais personne ne me répondra. Dans l'air flotte une odeur métallique et froide. Il fait à peine plus chaud qu'en surface. Je songe qu'ils ont dû rentrer chez eux, maintenant. Dans la nuit et la neige. L'hiver s'est attardé : déjà trois semaines. Or ce devrait être le milieu du printemps.

La porte s'entrouvre. Un rai de lumière. Il disparaît au moment où je me lève et saisis la poignée. Je pousse : c'est un couloir, encore un – mais espérais-je un jardin paradisiaque ? –, large cette fois-ci, quatre portes sur la gauche portant nombres impairs, et quatre sur la droite, portant nombres pairs. Je les ouvre toutes. Gauche :

escaliers qui montent ; droite : qui descendent. Tous les chemins se valent lorsqu'ils ne mènent nulle part. Je choisis un escalier qui monte.

*

Certains ne franchissaient jamais la porte. Ils semblaient être là depuis des temps immémoriaux. La plupart du temps ils accueillaient les nouveaux. Leur indiquaient les règles de base. Leur expliquaient sommairement comment fonctionnait la ville. Ils avaient l'air heureux. Ils semblaient être arrivés chez eux.

Elle était de ceux-là. Non qu'ils fussent nombreux. Trois ou quatre. Sur une ville d'une quinzaine de milliers d'habitants, c'était négligeable. Mais eux se souvenaient. Eux savaient quoi faire, quand, avec qui. *Pourquoi* était en revanche une autre question. Je soupçonne qu'ils n'auraient pas su répondre.

Je la rencontrais parfois au café. La ville comprenait un théâtre, un musée, deux cinémas, et une multitude de bistrots. Il était rare qu'on y boive. C'étaient des lieux où l'on discutait, longuement, de tout et de rien. On aurait aussi bien pu les appeler *salons*. Le théâtre ne servait à rien. Comment monter une pièce, quand les acteurs potentiels ne sont pas fichus de retenir ni le nom ni le visage du metteur en scène, ni de savoir quelle scène a déjà été répétée, et surtout de quelle pièce ? Donc le théâtre demeurait vide, hautain monument de pierre dont la façade s'ornait de statues boudeuses.

Le Musée était aussi couru que les cafés. Celui-ci faisait le tour de la place centrale. Un musée versatile et immense, où l'on trouvait de tout. Tableaux de Dali et moineaux empaillés, stèles funéraires romaines, planétarium, flore, instruments de musique médiévaux… Sa collection était en évolution permanente, sans que jamais personne n'y touchât. Je l'y retrouvais chaque fois qu'une nouveauté intéressante avait fait son apparition.

Je l'appelais Anne, sans raison valable, alors qu'elle disait se prénommer Eleanore. Alors que je l'oubliais indéfectiblement après chacune de nos rencontres, mes pas me faisaient toujours la croiser, sans que jamais elle eût forcé le hasard. Invariablement je la rebaptisais du même prénom, comme si elle et lui étaient trop parfaitement accordés pour ne pas être indissociables. Elle ne m'en voulait pas. Anne/Eleanore était donc de ceux qui, arrivés là, n'en repartiraient jamais. J'avais du mal à en déceler la raison. N'était-il pas dit que la règle était de passer la porte ? Avec un sourire, elle répondait juste : « Les règles ont leurs exceptions. »

*

L'escalier, après un virage et un nouveau palier, devient hélicoïdal. C'est une fantaisie subite qui m'étonne, dans un univers où jusqu'ici régnait l'angle droit. Et peu à peu, les murs se colorent. Un lent dégradé d'ocre, émergeant du gris, se métamorphosant, tendant vers une teinte chair. Leur texture elle-même change lentement, devenant celle de la peau.

Et il y a quelque chose d'autre. Comme une pulsation. Une respiration. Je m'arrête quelques instants. Devant moi, un nouveau couloir qui se perd dans une clarté rosâtre diffuse. J'avance à pas craintifs. Cette étrangeté inédite m'inquiète. Puis : d'un seul coup le couloir rétrécit, se ramasse en une immense salle circulaire.

Et apparaît soudain quelqu'un. Moi-même, à quatorze ans. Il est assis. Il me fait signe de m'approcher, de m'installer face à lui. J'avance. Sol élastique. Je m'accroupis. Il me regarde, ses yeux calmes ne laissent rien transparaître, mais il sourit.

*

Un jour elle m'avait entraîné au musée. Je venais de la bousculer en sortant d'un café et sans un mot elle m'avait saisi la main et m'avait mené, comme un enfant. Il y avait un nouveau tableau, dans une salle qui lui était spécialement consacrée. Il n'était pas signé. C'était peu courant. Il était immense – ce l'était encore moins.

Œdipe au Labyrinthe. L'étiquette était minuscule. Antigone tenait son père aveugle de la main gauche, tandis que d'un doigt de la droite il parcourait un dédale gravé dans la pierre. Tableau de facture assez classique, mais d'une beauté qui me bouleversa.

Elle me laissa longuement le regarder. Y avait-il là un message ? Je voulus la questionner, mais pour demander quoi ? Une interrogation a tout de même besoin de fondements au-dessus desquels s'élever. Je n'avais rien. Mais elle répondit elle-même à ce que j'étais incapable de demander. « Je suis Antigone, dit-elle doucement. Attendant Haemon... »

Je ne répondis pas – comment aurais-je pu comprendre ces paroles ? Je me contentai de recueillir l'énigme, sachant que d'ici quelques heures j'aurais tout oublié. Puis elle me serra la main, très fort, et partit sans rien ajouter.

*

« Tu te souviens de moi. »

Je hoche la tête. Oui, je me souviens de *moi* à quatorze ans, à seize, à vingt, à vingt-cinq. Et ensuite, un blanc.

« Je me souviens, mais c'est insuffisant. »

Il se contente de sourire.

« Si je te tends un miroir, que verras-tu ? »

La réponse la plus évidente sera forcément la mauvaise. Je secoue la tête.

« Je l'ignore.

— Si tu avais un miroir, tu verrais tout ce qui te manque, te souviendrais de presque tout, aurais des réponses à presque toutes les questions.

— Presque ?

— Presque. »

Il m'en dépose un dans la paume, tout petit ovale d'argent qui demeure quelques instants glacial. J'hésite, mais regarde. Je n'y distingue d'abord rien. Puis il y a un éclair et durant quelques secondes je suis aveuglé, porte une main à mes yeux.

La mémoire revient. D'abord incertaine et lointaine.

Il s'est levé et s'éloigne.

« Fais demi-tour. Rejoins-là. Tu sais ce que tu as à faire. »

J'acquiesce. Je sais.

Savoir est parfois une souffrance.

*

Je ne l'ai plus revue jusqu'à cet après-midi. Mon tour de passer la Porte était venu. Aucune lettre, aucun message pour l'annoncer. Cela s'était su, et c'était suffisant.

Elle est venue me chercher. Voir ce visage curieusement grave m'a amusé. Elle qui semblait faite pour être toute légèreté paraissait m'avoir volé l'inquiétude que j'aurais dû alors ressentir. Je lui ai offert un café, des gâteaux secs. Elle n'a accepté que le café. C'était encore l'hiver. Trois semaines déjà, et il n'en finissait pas. La neige tombait sans discontinuer depuis cinq jours. La ville s'était presque immobilisée.

« Tu traverses ce soir, a-t-elle dit. Je t'accompagnerai. »

Je lui ai pris les mains. Quel sentiment étrange m'emplissait soudain ? J'avais peur de ne plus la revoir. Pourtant c'était une pensée curieuse, alors que je ne me souvenais pas de l'avoir jamais rencontrée. Mais c'était aussi une journée spéciale : quoi que je fasse, de celle-ci je me souviendrais, même si je devais oublier toutes les autres.

La lumière semblait déjà être celle du crépuscule. Ses mains tremblaient dans les miennes. Je l'ai attirée et l'ai serrée contre moi, presque à l'en étouffer. Il y avait le parfum de ses cheveux. Ses yeux qui s'emplissaient d'une tristesse que je ne comprenais pas. J'ai caressé son visage. J'avais besoin de la rassurer, de la réconforter. Quand ses lèvres ont cherché les miennes je ne me suis même pas étonné. Je me suis juste senti un peu bête.

Lorsque le soir est descendu elle m'a accompagné, silencieuse, jusqu'à la Porte. Lorsqu'au moment de pénétrer dans les profondeurs je l'ai entendue crier « Bonne chance ! », je n'ai même pas remarqué la note d'espoir qu'elle avait mise dans son exclamation.

*

Je suis remonté par un escalier qui m'a mené directement à mon point de départ, à côté de la porte. Elle seule est restée. Je ne m'étonne pas. Je m'attendais à la retrouver là. Je l'espérais.

« Tu dois avoir froid.

— C'est sans importance. Ça n'a pas été long. »

Je franchis les dernières marches qui nous séparent. La porte grince et se ferme.

« Voilà. Je suis revenu. »

Elle sourit.

« Tu te demandais pourquoi les portes ne s'ouvrent pas pour certains. Et pourquoi certains ne voulaient pas partir, et pourquoi certains revenaient. Tu dois connaître la réponse, maintenant. »

Je hoche la tête. Je suis revenu et elle n'est jamais partie.

« Je t'attendais, dit-elle à mi voix. Au début je l'ignorais. Puis les souvenirs sont revenus. Personne ne pouvait me dire pourquoi. Enfin… ceux qui savaient préféraient se taire.

— Et maintenant, tout s'achève.

— Il arrive demain, et tout sera achevé.

— Demain », répété-je.

À quoi bon lui demander comment elle le sait. Je vais rester silencieux, tandis que nous rentrons chez elle, dans des tourbillons de neige qui laissent un goût de sang sur les lèvres.

*

Elle étudiait la sociologie, moi les lettres. Nous nous étions rencontrés durant une de ces soirées d'étudiants où le monde se refait, entre deux verres et un paquet de chips. Pour ainsi dire, ce fut le coup de foudre. Je savais qu'on pouvait la dire *presque* d'extrême-gauche, et préférai d'abord taire que mon père occupait un poste clé à la Préfecture. Lorsqu'elle le découvrit, elle se contenta d'en rire. Oser la fréquenter et partager ses idées faisait de moi le parfait fils indigne.

Bien plus tard, les temps se firent troubles. Les résultats truqués d'élections organisées à la va-vite pour asseoir l'influence de politiciens sans vergogne allaient ensuite susciter des émeutes. Le nouveau pouvoir, décidé à ne pas lâcher sa proie encore tiède, ne se préoccuperait pas de subtilités : du jour au lendemain l'armée patrouillait dans les rues. Ses frères furent arrêtés, torturés, exécutés. Sans jugement. Leur crime inexpiable était de s'être trouvés sur le chemin d'une milice et d'avoir refusé de décliner leurs identités. Tous les prétextes étaient bons pour asseoir la peur au plus vite. Je devinai que ce n'était pas tout et que mon père, qui s'était depuis longtemps attiré les faveurs de personnages troubles, n'était pas étranger à l'affaire. Deviner est toujours insuffisant. La preuve manquait, il me l'offrit.

Il savait tout de notre liaison. Ce n'était pas difficile. Des espions placés aux endroits stratégiques surveillaient depuis longtemps faits et gestes de tous, en prévision du moment où leur collecte pourrait être mise à profit. Les frères lui avaient été apportés sur un plateau, il la lui fallait également. Notre relation risquait trop de lui nuire. Elle eut beau tenter de leur échapper, ils l'arrêtèrent vite. Son cadavre fut jeté dans un égout.

C'était l'hiver. Il neigeait sans arrêt depuis trois jours lorsque j'appris qu'elle avait été retrouvée, nue et mutilée. J'habitais une petite chambre au sixième étage. Dans mon désespoir je ne me permis même pas de faire un meilleur choix : je sautai.

*

Mon père arrivera demain soir. Elle nous attendait. Moi d'abord. Lui ensuite.

Ici, le meurtre n'existe pas. La mort non plus. Comment mourir deux fois ? Mais sous le lit j'ai trouvé un revolver chargé prêt à servir. Peu importe d'où qu'il vienne. Qui peut savoir ?

J'attends. Elle dort à côté de moi. Les nuages se sont éloignés. Pleine lune dans une nuit glacée. Les heures passent, mais je ne trouverai pas le sommeil. Le pistolet est désormais tiède entre mes mains. Je saurai m'en servir. Et je sourirais presque de cette étrangeté inédite : car demain, au crépuscule, cette ville si calme où l'on ne meurt plus connaîtra son premier parricide.

Arithmétique des Limbes

La brume reflue sur le delta. Depuis le lever du soleil, quelques petites barques s'éloignent lentement en direction de la mer. Du haut du piton de lave qui perce la plaine j'aperçois au loin, éparses, leurs voiles ocres. Au pied de l'escarpement, le port de Berens est presque désert. Alors qu'autrefois les quais étaient encombrés dès l'aube, il semble ne plus demeurer ici qu'une poignée de pêcheurs. Et la ville elle-même est méconnaissable. Bien des vieilles demeures paraissent avoir été abattues ou reconstruites. Mais mes maigres souvenirs peuvent me leurrer.

Je suis demeuré longtemps loin de cette terre. Né dans une des petites impasses qui surplombent la rade, je devais en être arraché quelques années plus tard lorsque les Rabatteurs sont venus me chercher. Ici tous savaient que j'étais différent, mais aucun ne s'en inquiétait. Il était courant, depuis que la Compagnie avait pris pied sur notre monde, que naissent des enfants qui ne ressemblaient pas aux autres. Leurs yeux étaient clairs, trop clairs, trop pâles, alors que sur la côte tous avaient d'ordinaire le regard sombre. Et comme les hommes de la Compagnie, leur chevelure était volontiers d'or fin plutôt que de jais. Cette ressemblance étonnait, cependant ceux-ci ne se mêlaient pas à la population, et jamais il n'y eut de soupçons d'adultères.

Dès qu'ils savaient parler, ces bambins ne tardaient pas à poser des questions troublantes. On devinait alors qu'ils discernaient les pensées des adultes. De façon malhabile, incertaine, qui ne portait pas à conséquence. Comme tels étaient les devins de jadis, qui savaient si mal débusquer les secrets les mieux dissimulés, on imaginait le plus souvent que c'en étaient les lointains héritiers. Ce qui expliquait peut-être, estimait-on, le curieux intérêt que leur portait la Compagnie.

Car elle seule s'en inquiétait réellement. Ils étaient les proies favorites de ses Rabatteurs, qui les traquaient avec un acharnement impitoyable. Ils employaient souvent à leur propos des termes insolites. *Mutant* était l'un des mots incompréhensibles qui revenait le plus souvent. Ils n'avaient pas l'air de se tenir pour responsables de leur existence, mais l'apparition de ces bébés étranges, qui avait suivi de peu celle des nefs volantes de la Compagnie, ne pouvait être un hasard. C'était une évidence pour tous, qu'elle s'escrimait à réfuter. Il avait fallu conclure qu'il était inutile de chercher à insister. D'ailleurs la Compagnie était puissante. Elle ne plaisantait jamais quand ses intérêts étaient en jeu. Mieux valait se méfier.

Qui saura jamais d'où sont originaires ces étrangers ? Ils nous ressemblaient, se comportaient comme nous, et disaient venir d'une autre Terre. Laquelle n'était ni loin ni près. Ils expliquaient qu'elle se confondait avec la nôtre tout en étant différente. Difficile à comprendre et difficile à croire. Ce qu'on savait d'eux se résumait presque à leurs nefs, ces vastes oiseaux d'acier qu'ils utilisaient pour aller et venir, sauter d'un continent à l'autre ou s'enfoncer dans les profondeurs du ciel. Elles avaient surgi une nuit d'hiver, trois sillages de feu au-dessus d'un océan. Trois, pour commencer. Bien d'autres vinrent ensuite. Ils n'ont jamais expliqué pourquoi.

Ils savaient sûrement ce qui allait se passer. Neuf mois après qu'ils se soient établis sur une île lointaine qu'on disait glacée, venaient au monde les premiers enfants au regard limpide. Ils ne tardèrent pas à les recueillir un par un. De gré ou de force. J'étais donc de ceux-là. Mais, pour quelque raison, ils ne vinrent me chercher que lorsque j'eus neuf ans. J'étais déjà capable de deviner que je ne devrais pas revoir les miens avant longtemps. Très souvent je songerais en vain aux marécages où mon père m'entraînait durant ses chasses, au clapotis de l'eau qui caressait les pierres du quai, et à la fenêtre de ma chambre d'où je voyais se lever le soleil, fantôme indécis dans les vapeurs de l'aube. Ce ne serait qu'une bien mince consolation, et plus tard viendrait le temps où je ne prendrais même plus la peine de rêver.

*

Ils ne m'ont guère appris plus que ne l'auraient fait nos écoles. Je sais lire, écrire, compter. Mieux que beaucoup d'autres, peut-être. Mais je ne connais en fait rien de si différent qu'on me tiendrait pour fou si je venais à en parler. Hormis que je pourrais raconter avoir vécu bien par-delà les nuages, presque au milieu des étoiles, dans ce qu'ils dénommaient la Station. Ils lui attachaient beaucoup d'importance. Ce n'était pourtant qu'un gigantesque tonneau de ferraille qui tournoyait pour que nous gardions les pieds au sol. J'ai fini par comprendre que, si loin de cette bulle bleue qui est notre monde, on flotterait dans l'air sans cet artifice.

C'est, pour l'essentiel, la seule chose que j'ai découverte, et qui provoquerait l'incrédulité chez n'importe qui. Sinon, ils se sont contentés de nous instruire presque comme si nous n'étions des gamins puis des adolescents parfaitement ordinaires. Leur plus grande préoccupation a été, et ils y tenaient plus qu'à n'importe quoi, de nous faire conteurs de nombres. C'est là un art que l'on cultive depuis l'origine du monde. De nombreuses confréries le perpétuent dans nos capitales, mais aucune n'aura jamais ressemblé à celle que nous avons constituée quand nous tournoyions dans le néant. D'ordinaire, le conteur élabore son œuvre seul, et la délivre ensuite aux autres, qui pourront s'en emparer et la poursuivre. Alors que nous en façonnions une, et une seule, tous ensemble, et que seule la Compagnie en profiterait jamais.

Ensemble : car alors nous allions plus vite et plus loin que n'importe qui. Si vite et si loin que nous avions même du mal à l'admettre. Nous n'étions plus qu'une seule pensée, quand bien même étions-nous mille à tisser le conte. Réservée à nos longues séances de création, une salle immense au sol incurvé – nous avions fini par nous habituer à l'absence d'horizontalité dans la Station – était recouverte de matelas sur lesquels, dans la posture qui convenait le mieux à chacun, nous déployions collectivement les arabesques de l'algèbre. L'un d'entre nous, tiré au sort, portait un lourd casque de métal et de verre, d'où serpentaient des brins multicolores reliés à une machine qui retranscrivait notre œuvre sur un vaste écran qui occupait tout un mur et se tapissait de signes élégants que nous ne reconnaissions pas. Mais les hommes de la Compagnie semblaient capables de les lire, à défaut de les comprendre. Souvent ils ne cachaient pas leur étonnement, et par de grands gestes s'interpellaient les uns les autres, comme si nous avions trouvé quelque chose qu'ils recherchaient depuis longtemps. Était-ce le cas ? Peu nous importait. Ce conte, nous le ressentions, était le plus beau qui ait jamais été composé, et notre seul chagrin était que jamais d'autres ne pourraient le partager. Nous en serions les uniques dépositaires, tant que nous ne serions pas séparés. Mais qu'adviendrait-il si nous devions être dispersés ? Nous évitions de nous poser la question.

*

Nous achevâmes de grandir. Il me semblait que le temps s'était arrêté le jour où un Rabatteur avait franchi le portail, m'avait tranquillement observé jouant dans la cour, puis m'avait désigné à mes parents et avait réclamé que je le suive. Ils n'avaient pas su s'opposer à lui. Mon père avait imaginé que, si un de ces hommes venait à traîner en ville, il me cacherait sur une île où ils n'iraient pas me chercher. Mais ils avaient coutume de ne jamais vous donner le temps de réagir. Avec eux, rien à faire. Il était toujours trop tard. Et comme l'arme qu'il portait au côté ne permettait aucun espoir de résistance, on le laissa m'emporter. Ma vie ne fut alors plus qu'un raccourci vertigineux, je ne me sentis pas devenir adulte. Tout juste conteur. Un conteur qui, privé de ses semblables, ne serait plus rien.

Peut-être avaient-ils obtenu ce qu'ils voulaient. Peut-être avaient-ils d'autres raisons. Nous ne pourrons jamais que spéculer. Au terme d'une journée à dénouer le conte, nous ne pûmes pas nous empêcher de percevoir que ç'avait été le dernier. Le visage de certains trahit leur désespoir. Un conte n'est jamais achevé, il doit être prolongé par des générations de conteurs. Le nôtre les avait tous surpassés, et il fallait l'interrompre ? Sans qu'on nous en confie la raison ? D'un seul coup ? Nous ne pouvions ni le comprendre ni l'accepter. Notre vie entière lui avait été sacrifiée, même nos amours n'avaient jamais été que secondaires. Et soudain, avec une brutalité que nous n'aurions jamais imaginée, on nous dépouillait de tout.

Nous n'arrivâmes pas à les fléchir. La décision était irrévocable : nous rentrerions chez nous, alors que ça n'avait plus grand sens, et ils emporteraient le conte. Sans rien nous en laisser. Sans aucune contrepartie. Ils nous avaient malheureusement trop bien dressés. Désemparés, nous sommes demeurés dociles. Il ne nous est même pas venu à l'esprit que nous étions en nombre suffisant pour nous révolter, et que leurs armes ne suffiraient pas à nous mater. Nous les jugions sans pitié, et d'un certain côté ils l'étaient. Mais avaient-ils le choix ? Il m'a semblé, ce qui n'était qu'une impression, qu'ils n'obéissaient qu'à des ordres stricts qui les avaient désarçonnés. Ils s'efforcèrent, malgré tout, d'atténuer nos inquiétudes. Chacun saurait où sont les autres, et si nous le désirions, nous pourrions nous retrouver. Pour sinon reprendre ce conte-ci, du moins en élaborer un nouveau. Ils n'oubliaient qu'une chose : entre certains de nous, il y aurait bien des mois de voyage.

*

Hier encore la côte n'était une ligne minuscule, le delta presque imperceptible au travers des vitres épaisses de la salle d'observation. J'attendais mon tour, ayant rassemblé mes maigres affaires. De petits vaisseaux rapides faisaient depuis la veille des va-et-vient incessants entre la Station et le sol. J'avais déjà vu partir Renim, Joons, Edlil, avec qui je partageais une chambre depuis si longtemps. Et moi, quand entendrais-je mon nom, Fenrir, que j'avais presque oublié faute d'avoir eu besoin de l'utiliser ? Entre nous c'était inutile, puisque nous nous reconnaissions par le sillage que laisse l'âme derrière elle. Seuls les hommes de la Compagnie nous appelaient encore à haute voix, et parfois ils s'étonnaient que nous ne répondions même pas, oublieux que ces quelques syllabes nous désignaient.

Soudain, au sein d'une longue litanie prononcée mécaniquement, s'est glissé ce nom qui m'était devenu étranger. J'ai tourné le dos au néant et pendant tout le voyage de retour ai fermé les yeux, sans savoir au juste pourquoi. Bientôt je titubais entre les navires d'acier posés au milieu d'une plaine nue qui n'était que sable et pierres brûlées de soleil, grimpais dans un engin plus petit dont les ailes aiguisées trancheraient définitivement le fil de mon existence passée. On me fit avaler des pilules, on s'inquiéta de me voir désorienté. J'avais bien du mal à retrouver un haut et un bas, un horizon lointain et un zénith inaccessible, et trébuchais à chaque pas comme si le sol que je foulais se dérobait sans cesse. De nouveau assis je devais me sentir mieux, et on m'avait confié une boîte pleine de médicaments qui me seraient nécessaires le temps de me réadapter. Nous survolions des collines acérées et maussades. Puis je m'endormis malgré moi et ne me réveillai que parvenu à destination. Le soleil se levait à peine.

Nous étions trois à débarquer. Les deux autres, plus jeunes, je ne les avais jamais qu'entraperçus et aurais pu longtemps ignorer qu'ils étaient eux aussi de Berens. Généralement, là-haut, on ne parlait pas de ses origines. On préférait en rêver, quelquefois, lorsque les lumières étaient éteintes et qu'on s'apprêtait à dormir. Mais plus les années passaient et moins elles hantaient nos songes, se défaisant bribe après bribe jusqu'à ce qu'il ne reste plus de leur souvenir que le tracé d'une ombre, pâli par le temps, presque invisible.

Personne ne nous attendait. Si ce n'était pas vraiment une surprise, j'étais pourtant désappointé. Ils auraient pu prévenir quelqu'un de notre retour. Avertir nos parents, nos frères et sœurs. Durant toutes ces années j'étais resté sans nouvelles d'eux, il fallait croire qu'eux-mêmes n'avaient jamais rien su de ce que je devenais. Mais j'avais espéré que peut-être, en voyant surgir un oiseau de métal, ils penseraient à moi. Lorsque je mis le pied sur cette terre que je voulais encore mienne, assailli par l'odeur de la mer, je compris que ce n'avait pas été le cas. Nul ne m'accueillerait, et nous étions trois garçons qui ne savaient plus pourquoi ils étaient revenus.

Mes deux compagnons sont aussitôt partis, sans rien dire, rejoignant le port en coupant à travers les marais, comme s'ils se souvenaient du chemin à prendre. Je suis resté seul tandis que l'appareil faisait demi-tour et s'élançait avec un hurlement strident. Je l'ai regardé trouer le ciel puis ai chargé mon bagage sur l'épaule, les yeux fixés sur le promontoire sombre qui fait un arc au sein duquel le bourg s'est établi. Je voulais commencer par le gravir, et du sommet observer les alentours. Ensuite seulement je retournerais chez moi.

*

Des buissons épineux recouvrent désormais presque le sentier qui de tout temps était emprunté pour monter jusqu'au sommet. J'ai dû plusieurs fois me frayer un chemin avant de parvenir aux premiers rocs. Ensuite la progression était plus facile, même si je ne cessais de récolter des griffures. Je me suis enfin assis sur une dalle noire, ai regardé autour de moi, le souffle encore court. Tout me paraît immense, je n'arrive pas à croire que le monde soit aussi vaste.

Dans le ciel s'estompe le sillage de l'appareil qui m'a ramené ici. La Compagnie plie bagage. Elle n'enverra plus ses Rabatteurs traquer les gamins blonds. Il n'en naîtra d'ailleurs sans doute plus. Faut-il l'espérer ? Nous pourrions, nous qui savons comment, faire d'eux de nouveaux conteurs et, qui sait, ils pourraient peut-être – mais quoi donc ? Poursuivre notre œuvre ? En fait je l'ignore. Comme j'ignorerai jusqu'à ma mort ce qu'était la Compagnie. Des marchands l'avaient baptisée ainsi, par ironie, car dans les premiers temps ses agents se contentaient d'échanger des babioles inutiles contre d'autres. Il fallut bien des mois avant qu'on soupçonne qu'ils avaient d'autres buts qui resteront à jamais obscurs. Mais quelle importance ?

Une dernière voile disparaît au détour d'un méandre. La chaleur croît peu à peu et je dois desserrer mon col. L'oubli des saisons m'a frappé d'un seul coup. Que signifie donc avoir trop chaud ou trop froid ? Là-haut était le règne de la tiédeur. Ici, finalement, j'aurai tout à apprendre. Mon monde n'était en somme plus qu'une cage d'acier. Et je suis à l'image de ces curieux agents de la Compagnie, je ne ressemble en rien à ces quelques pêcheurs qui chaque matin mènent leurs esquifs jusqu'à la mer. Ils nous ont modelé à leur convenance, sans se rendre compte qu'ainsi nous ne serions plus bons à grand-chose. À tisser des contes ? Certes. Mais rien de plus.

Je décide de redescendre. Loin en dessous de moi j'aperçois une cour qui me fut familière, celle de la maison de mes ancêtres. Elle me paraît déserte, et les terrasses du jardin accroché à la pente sont encombrées d'une végétation anarchique. Est-elle abandonnée ? Je m'arrête soudain. Pourvu que ce ne soit pas le cas. Mes parents ne l'auraient pas quittée, j'en suis persuadé. À moins qu'ils n'aient pas pu faire autrement. À moins qu'ils ne soient morts. Cette perspective ne m'avait jusque-là même pas effleuré. Presque vingt ans se sont écoulés. C'est bien plus qu'il n'en faut pour que n'importe quoi arrive.

Je repars presque en courant, puis ralentis. À quoi bon me hâter ? Ça ne ferait plus aucune différence. Mais lorsque je dépasse la première maison les battements de mon cœur se précipitent et de nouveau mes pas s'accélèrent. Une vieille femme me regarde passer. Étonnée me semble-t-il, mais elle ne dit rien. M'aurait-elle reconnu ? Elle doit savoir bien des choses qu'il va me falloir découvrir. Dois-je aller lui parler ? Elle a déjà disparu dans l'embrasure de sa porte, et de toute façon je n'aurais pas osé l'aborder.

Puis je m'arrête devant notre portail – en fait à peine quelques planches mal dégrossies. Le pavage de la cour disparaît sous les touffes d'herbes, le revêtement des murs s'est détaché par plaques entières, mettant à nu la pierre. Les volets sont fermés sauf l'un d'eux qui pend, à moitié décroché, laissant voir une fenêtre béante dont la vitre est brisée. À ma droite, l'appentis dans lequel nous stockions le bois pour l'hiver est vide. C'est une maison morte que je retrouve.

La porte est entrebâillée. Je n'ai qu'à la pousser pour entrer – d'ailleurs les poignées ont disparu. Des fragments de verre crissent sous mes semelles, je parcours un couloir sombre, pénètre dans des pièces qui ne me rappellent plus rien, vides et vierges de tout souvenir. Aurais-je pu imaginer que j'ai vécu ici ? Je le croirais presque. Et d'ailleurs c'est tout comme. J'étais bien trop jeune quand on est venu me chercher. Je ne conserve même que de fugaces images de ma chambre, à l'étage, qui se précipitent en désordre lorsque je parviens devant l'escalier. À mi-hauteur bée la fenêtre au travers de laquelle je m'amusais à interpeller ma mère tandis qu'elle étendait le linge.

Les odeurs d'alors me reviennent. Celles de la lessive, naturellement. Celle de la cire qui, chaque semaine, servait à nourrir les boiseries. Et les parfums qui se répandaient depuis la cuisine. Étrangement, je me rappelle davantage les senteurs que l'apparence qu'avait alors la maison. Ce n'est peut-être pas très étonnant.

Une marche grince et je m'arrête, regarde dehors. Il n'y a rien à voir, plus rien à reconnaître. Ce ne sont que broussailles parties à l'assaut des murets, la pompe rouillée disparaît sous les ronces. Assis dans l'ombre d'un figuier mourant, un chat m'observe, inquiet comme si j'étais venu le déloger. Il se tapit bientôt, ne me lâchant pas du regard, patient : je finirai bien par partir et par lui rendre son domaine. Bien sûr. Ici, je ne suis plus chez moi. Mais alors, où est ma terre ? Nulle part ? Et où sont partis les miens ?

Je m'assieds avant d'atteindre le premier étage. À quoi me servirait de retrouver ma chambre ? Elle ne peut qu'être vide, comme toutes les autres pièces. D'ailleurs je ne m'en rappelle plus assez pour que ça vaille la peine d'y pénétrer. Seul le sentiment de sécurité que j'éprouvais, blotti sous la couette qui me protégeait des spectres de la nuit, me revient encore. Désormais je sais que rester dans cette maison, devenue inhabitable, est tout à fait inutile. La peinture des murs a disparu, le plâtre s'effrite, seul le vent y règne. Et le chat, sans doute. Il n'a toujours pas bougé et me surveille encore.

Repartir. Est-ce la seule perspective qui me soit accordée ? Je pourrais sans doute rejoindre une Cité et m'y faire connaître comme conteur. Mais il n'est pas sûr qu'on m'accepte. Sinon, que faire ? Je ne tiens pas à devenir un errant. Pêcheur, alors ? Mes mains sont trop malhabiles. Je sais tourner de belle façon le poème des nombres, je connais quelles rimes se glissent au sein des plis et replis d'un calcul. Et rien, vraiment rien d'autre. Surtout pas la manière de réparer un filet.

Je ferme les yeux et, le front posé sur mes genoux, balbutie le chant de la course qu'effectuait la Station – son orbite, comme disaient les hommes de la Compagnie. J'en suis persuadé, ils n'ont pas compris ce qu'ils faisaient réellement. Ni en nous emmenant avec eux ni en nous renvoyant. Encore moins en nous renvoyant. Ils auraient dû, plutôt, nous emporter avec eux. Surtout que je les soupçonne de nous avoir créés. Qui sait jusqu'où nous aurait alors mené le chant ?

Redressé, je regarde fixement devant moi et ce regard se porte jusqu'aux étoiles qu'on aurait pu me faire frôler, qui sait ? Mais à quoi bon regretter. Personne n'attend désormais plus rien de moi, et je n'ai pour ma part plus rien à attendre. Je me lève, regarde une dernière fois autour de moi, ces cloisons lépreuses, cet escalier au bois pourrissant.

Enfin, laissant là mon bagage, je ressors de la maison, franchis les limites de la ville pour, sans plus me retourner, marcher droit vers l'Orient, sans savoir où mes pas me mèneront.

Ultima Ratio Regum

Il n'avait pas vu que le silence était si proche. Presque autant que le crépuscule. Tous deux semblait-il seraient bientôt à portée de main et de souffle. Lorsqu'il s'en aperçut, il était trop tard.

Ses pas s'étaient faits plus lents, puis il s'était immobilisé dans une ruelle déserte. Incapable de faire demi-tour. Qu'est-ce qui l'en empêchait ? Le silence ? La lumière en train de décroître ?

Il se tint donc immobile, des minutes entières, les yeux fermés. Sentant juste comme la lame d'un éclair se frayant un passage au travers des fibres de sa chair. Une souffrance aiguë le traversa de part en part. Toutefois il était décidé à demeurer là, en attente. Peut-être pensait-il qu'il resterait quelque chose à retenir. Peut-être.

Finalement, les mots eux-mêmes s'ingénièrent à prendre la fuite. Comme s'il n'était plus digne du miracle de la parole. Comme s'il n'avait plus pour lui que l'immobilité – alors qu'il aurait tant voulu parler. Cependant aucune syllabe ne réussit à franchir ses lèvres.

Lorsqu'il rouvrit les yeux, rien n'avait changé. Il s'étonna, car sans doute quelque chose aurait dû se produire. Le silence s'était seulement épaissi autour de lui, l'engluait.

Il se remit en marche, dans une torpeur violette, glaciale, spectre avec son silence, traînant après lui la mort des mots. Pas exactement une mort : un effacement, un retrait, une mise entre parenthèses. Ce n'était que cela – il ne les concernait plus.

Puis il n'y eut plus le silence. De nouveau il s'était arrêté. Longuement résonna l'écho de son cri, qu'il écouta sans comprendre.

*

Qu'y avait-il eu là, en ce moment précis ? Il se mit à avoir peur. Des spasmes agitèrent ses mains, ses lèvres étaient sèches, si dures, il les aurait crues cassantes comme du verre. Il eut une brève hésitation. Les mots ne lui venaient pas. Ils demeuraient hors de lui, le laissant dans une blessante, cruelle désolation.

Il rentra chez lui à grandes enjambées. S'affala sur le lit. La peur, la douleur lui étaient venues et il ne savait pas quoi faire pour s'en débarrasser.

L'autre cri fut assourdi, plaintif, désespéré. Un cri qui n'appelait que plus encore de souffrance. Il le laissa le posséder, incapable de résister à son assaut.

Et soudain il y eut les mots. Précipités, désordonnés, drus comme une averse d'été. Il sentit leur fourmillement sur sa peau, au fond de sa gorge, leur saveur âcre quasiment insupportable. Il finit par pleurer. Les mots le laissèrent tranquille.

Ce n'était pourtant pas suffisant. Il lui fallait encore autre chose, mais il avait oublié quoi. Il devrait y réfléchir. Peut-être pas tout de suite. Il se savait déserté, sentait une vacuité vertigineuse contre laquelle il importait avant tout de se mettre à lutter.

*

Maintenue dans son souffle, demeura toute la nuit une oppression telle qu'elle l'empêcha de dormir. Il lui semblait parfois être arrivé au bout d'un chemin qui se perdait dans les broussailles. Au bout de lui-même, pour tout dire, et ce *lui-même* lui paraissait un échec insurmontable, mais il s'en voulut de faire un tel constat, terrible et définitif. Simplement, il s'était laissé dépouiller de toute force, se fourvoyait dans une angoisse aussi incoercible que vaine.

Il n'eut pas un instant de répit. Ses pensées tournaient toujours autour d'un même point de douleur immuable, sans qu'il parvînt jamais à s'en soustraire. Ceci l'épouvantait, mais il n'y avait rien à faire.

Aussi, prostré sur le lit, s'acharna-t-il à regrouper les mots, à en faire des phrases qui pourtant, comme le sable, lui glissaient d'entre les mains. Peu à peu il se décida à y renoncer. Il aurait même presque voulu laisser de côté les mots, s'ils ne s'étaient entêtés à rester là, troupeau compact dont il savait n'être plus le berger.

Certain de ne plus avoir le moindre choix, il enfouissait son visage dans l'oreiller, versait quelques larmes avant de se remettre sur le dos, regard fixe. Il en était même à ne plus désirer aucune délivrance, qu'il eût d'ailleurs considérée comme importune.

*

Lorsque s'en vint le petit jour il ne savait plus qui il était. L'épuisement l'écartelait, l'aube se transformait en fardeau accablant sous lequel il rechignait, dents serrées, grognant de temps à autre. Parfois il penchait la tête, s'efforçait d'écouter alors que rien ne venait perturber le silence qui avait achevé de l'engourdir.

Il effectua les gestes habituels : préparer le petit déjeuner, se mettre à la fenêtre pour fumer en même temps qu'il buvait son café. Pourtant il ne lui semblait pas que ce fût lui qui ait accompli tout cela. Quelqu'un d'autre avait dû se charger de ces tâches à sa place, estimait-il, aussi absurde que pût être une telle pensée.

Lorsque le téléphone sonna, il hésita à répondre. Qu'aurait-il eu à dire, sinon de ces stupidités indiscutables dont il se sentait empli ? Pourrait-il même dire quoi que ce soit ? Il préféra se dispenser de décrocher. Mais avant même d'avoir pris cette décision, sa main tenait le combiné, le portait à son oreille, et il y avait la voix – une voix féminine, douce et exigeante à la fois. Il resta muet, assuré que de toute façon il ne parlerait pas.

La voix l'enveloppa de son exigence, qu'il jugea cruelle, le lia à elle. Il se rendit compte qu'elle était sur le point de le désespérer tout à fait, et mû par un automatisme féroce il raccrocha. Qu'avait-elle voulu faire de lui, au juste ? Il l'ignorait, mais pressentait que ce devait être quelque chose de terrible, d'irrémédiable. Toutefois, cela ne le soulagea pas de savoir qu'il avait échappé à son emprise.

Que pouvait-il faire désormais ? Il attendit, en proie à une épouvante qu'il ne souhaitait même pas repousser, qui gagnait son sang, circulait à travers ses veines. Il contempla ses mains, les seules choses qui semblaient encore en partie lui appartenir. Que ce soit insuffisant pour constituer un corps, il ne le savait que trop bien, mais lorsqu'il se tint devant le miroir il ne se reconnut guère, sinon dans ces mains. Quant au regard, énigmatique et avide, c'était tout à fait celui d'un étranger. Il le fixa, cependant, avec l'espoir d'y saisir quelque chose. Or il n'y avait rien, vraiment rien qu'il puisse y trouver, et il finit par s'en détourner.

*

Plus tard, alors qu'il se tenait devant une fenêtre à considérer la rue baignée d'un brouillard dense, il se surprit à penser qu'il faudrait en finir, que sinon tout demeurerait tel, pendant une effrayante éternité.

Un sourire lui vint alors, un sourire insignifiant, et sans y réfléchir le moins du monde il donna un coup de poing dans la vitre, puis un second, car elle n'avait pas cédé. Une douleur irrépressible se propagea et il crut avoir hurlé, mais peut-être se l'était-il seulement imaginé. C'était sans importance.

Un à un il arracha les éclats qui étaient restés accrochés au cadre, sa main entaillée laissant couler un sang qui lui parut étonnamment sombre. Un air glacial s'engouffra dans la pièce. Il eut un bref vertige, secoua la tête pour s'en défaire. Puis éprouva soudain une satisfaction insensée, presque ricanante.

Mais encore une fois ce n'était pas suffisant. Rien n'était vraiment modifié. Se tenant devant le miroir, il se déshabilla lentement, considéra cette chair dévoilée, la palpa. Mais rien à faire, elle ne lui appartenait pas, mensonge superflu dont il aspira ardemment à se débarrasser.

Alors il saisit le miroir, le projeta contre un mur. Retourna devant la fenêtre, face au brouillard. S'en éloigna à reculons. Il regarda ses mains – sang, chair et os –, puis ferma les yeux. Stoppant son souffle il s'élança soudain, d'un élan irrésistible, et l'une des dernières choses qu'il ressentit vraiment fut un craquement de bois contre son épaule, l'ultime sursaut de la réalité.

Transfiguration

Touchant le silence, sa propre chair d'abandon toujours ensommeillée. Aurore comme l'agonie traînante d'un désespoir. La tête sur l'oreiller, les yeux grands ouverts pour oublier ce qui n'est pas mort, pas encore, bientôt.

La lumière s'étale comme une brume à lenteur d'éveil. Flux bleu sombre remontant des profondeurs, bleu sombre tout d'abord et s'éclaircissant peu à peu, recouvrant la torpeur. Pâle drap mortuaire sur lequel frissonne la main, de froid ou des dernières angoisses.

Les yeux sont ouverts, ils clignent, regardent sans regarder. La douleur, cette indéfectible compagne, semble s'être esquivée. Il y a l'attente d'un message, de quelque chose, de rien. L'incertitude, le suspens. Mais ce qui doit venir ne viendra pas encore. Il y a un répit, une immobilité capitale, respiration lente, aussi lente que la lumière qui désormais rosit le dessous des nuages.

Sans aucun doute, il va falloir esquisser un geste, une parole, se reconquérir. Fermant un peu les yeux, laisser enfin venir sa propre aurore. Avant que les deux aurores se rejoignent et fusionnent dans l'aube. Alors, il sera temps de rejeter les draps et décider quoi faire de ce jour.

*

Le premier rayon de soleil est le message indiscutable. Joie est le mot d'ordre. Reste à découvrir pour qui, ou pour quoi. Reste aussi à mourir un peu pour que cette joie soit délivrée.

Mais quelque chose meurt, effectivement, dans le silence de cette chambre. Quelque chose meurt et ce n'est plus qu'un léger souffle. Ou bien quelqu'un, par cette mort renouvelé. D'ailleurs on ne sait pas vraiment. Il n'y a pas à savoir. Toutefois, quelque chose est changé.

Il est impossible de dire de quoi il s'agit, du moins pas encore. Ou bien, c'est à chacun de s'en faire une idée, de l'imaginer, et de le garder pour soi. Mais peu importe. Il y a juste que cette chambre n'est plus tout à fait cette chambre, cette chair plus tout à fait cette chair.

Et celui qui dormait là ressent à présent un étonnement diffus, une perplexité qu'il tient au creux de sa main et considère avec incrédulité. Ce n'est pas tout à fait ce qu'il attendait, à supposer que ce soit vraiment ce qui devait se produire, à supposer qu'il ait attendu autre chose.

*

Désormais, le jour entre par les fenêtres, et debout il attend quelques instants. Il n'a toujours pas décidé quoi faire, demeure recueilli, attentif. Ses pensées convergent vers ce flot de lumière qui éclabousse le sol et les murs.

Puis il sourit. C'est d'abord imperceptible, à peine un frémissement des lèvres. Imperceptible, puis avec une certaine innocence, avec naïveté presque, le sourire s'élargit et gagne les yeux. Il a enfin renoncé à l'amertume, l'a balayée d'un revers de la main.

Il regarde. Écoute : des bruits de la rue, des bruits quotidiens, des oiseaux. Et surtout, le vent dans les arbres, sa mélodie sinueuse. Il se penche au-dehors. Le vent l'enveloppe, le soleil. Il respire les parfums du matin. Attend toujours, mais ignorant si c'est bien ainsi qu'il faut attendre.

Avec le soleil monte la tiédeur. Il en redécouvre la caresse sur ses joues et ferme les yeux. La tiédeur se glisse le long de sa nuque, s'en saisit comme pour l'attirer vers un baiser. Il lui offre ses lèvres, son sourire, avant de quitter la fenêtre et d'aller s'asseoir sur le lit.

*

Il n'a pas, n'a plus de questions. Rien que cette attente. Mais pour le moment il ne se sent prêt à rien, pour le moment il ne sait pas. Peut-être même n'y a-t-il que l'attente, et rien au-delà.

Étrangement, son sourire a envahi la chambre, s'apprête à se déverser dans la rue. Son sourire qui, même s'il ne sourit plus, est toujours là. Était-ce cela ? Mais ni lui, ni personne, ne possède la réponse.

Les yeux fermés. Très lentement, par en dessous, un chant sans paroles le gagne. La joie. La joie est-elle un chant ? Il s'interroge à peine. Ce n'est pas le genre de question à poser. Mais où est la question, alors ?

Rouvrant les yeux. Il retourne à la fenêtre. Déjà tant de lumière. Aucun nuage pour y faire obstacle. Les nuages se sont disloqués avant de fondre dans le bleu pur du ciel. Restent ce bleu et le soleil. Et ne subsiste nul vestige de cette nuit qui fut si semblable à mille autres.

*

Puis midi vient, incandescent mais sans fureur, vertical comme une certitude. Un midi qui, contrairement aux précédents, ne blesse pas. Il est allé marcher un peu, a offert un sourire à chaque visage affligé. Certains l'ont refusé. Ceux dont les yeux étaient ouverts mais sans voir. Ceux dont les larmes avaient déjà brûlé le regard.

D'autres ont eu l'air surpris, décontenancés, mais leurs visages se sont détendus. Certains même se sont retournés et l'ont regardé s'éloigner. Qui ? Qui donc ? Et pourquoi ?

S'il n'y a toujours pas de réponses, ni pour lui ni pour eux, pour personne, il y a toujours le chant qui maintenant l'enveloppe et danse dans ses pas. Ce chant venu d'il ne sait où et sur lequel il se laisse porter, ce chant qui n'a fait que croître durant la matinée et pour l'instant semble culminer.

*

Retourné dans sa chambre, assis sur le lit jambes repliées, il sent vibrer la musique de son sang, vibrer puis jaillir et éclater comme des feux d'artifice. Il ne comprend pas, ne veut surtout pas comprendre. Ce serait détruire ce qui a pris racine en lui, et qu'il tient à ne pas perdre.

Le chant, le chant sans paroles, le chant qui le délivre. Il y avait eu d'autres chants, mais ceux-ci avaient la saveur âcre des désespoirs irrépressibles. Et ils n'étaient pas aussi tenaces.

Il s'interroge. Où est donc passée la souffrance ? Il en garde le souvenir, mais elle est devenue spectre, semblant avoir été oblitérée, jetée dans un coin sombre, dans un repli du silence. Lointaine, hors de portée par quelque inconcevable miracle.

Mais il la sent, tout de même, sous-jacente, reflet obscur du chant, sol duquel il s'élève. Sans elle rien n'eût été possible. Il faut donc bien qu'elle survive quelque part, quoique dépouillée de sa cruauté.

*

Un instant parvenu à l'immobilité, midi commence tout doucement à s'éloigner. C'est au tour de la touffeur de prendre possession du jour. Après s'être nourri de quelques fruits, il envisage une courte sieste. Il y aura de toute façon trop de chaleur pour sortir. Mieux vaut s'endormir, mains derrière la nuque, en offrande à la torpeur.

À son réveil, l'atmosphère s'est faite lourde. Quelques nuages voilent le soleil. Rien de bien inquiétant pour le moment. Midi est lointain, qu'il regrette à peine. Assis sur le bord du lit, tête penchée et mains jointes, il écoute. La musique qui s'était estompée durant le sommeil refait surface.

Elle revient, et avec elle le sourire. Et aussi la question : pourquoi le sourire ? Mais ça, il ne le saura sans doute jamais. Ce qui lui importe peu, tant qu'il y a le sourire. Et aussi la joie, qu'il voudrait pouvoir faire partager. Mais à qui ? À qui ?

*

Finalement il est sorti, est allé frapper à une porte, et les voilà assis l'un en face de l'autre. Il fixe les grands yeux noirs, profonds, qui le dévisagent. Il n'y a pour l'instant rien encore, pas une parole, hormis leurs seuls regards qui flottent détachés de la durée.

S'il est vraiment là ou non, il l'ignore. Il y a que rien ne s'est encore produit, que rien ne bouge. Ce pourrait être un rêve. Mais il se penche, effleure la main de son compagnon, se rétracte et retourne au silence. Ceci, il le sait, est bien réel.

À ce contact autant que par le regard, l'autre a senti, ou plutôt pressenti la musique, et ses yeux se font interrogateurs. Une fois de plus, leurs retrouvailles se font dans le silence, et il leur faut se déchiffrer. Cela prend un peu de temps. Mais la musique, quoique inaudible, est un élément nouveau, une étrangeté dont le compagnon s'étonne.

Il y a donc ce silence déposé là entre eux, une nouvelle immobilité. Un répit, une transition, une étape. Distincts : leurs sourires qui s'échangent dans la pénombre calme de la pièce. Leurs sourires l'un dans l'autre reflétés. Puis son compagnon fermant les yeux écoute la musique, la frôle, s'offre à elle.

*

La musique l'a saisi, lui aussi, sans qu'on puisse dire ni comment ni pourquoi, sans qu'aucune parole ait été échangée. Les mots finissent par venir, toutefois, mais très bas, presque murmurés. « Il y a eu notre amitié. De cette amitié quelque chose a surgi. La joie. Celle qui est venue de toi seul. Que j'avais cru perdre et qui est revenue. »

Le silence. « Personne ne m'a jamais fait offrande plus grandiose », achève-t-il. Son compagnon le regarde, mais ne répond pas. Qu'aurait-il à répondre, désarmé par cet aveu ? Il baisse la tête, un instant, puis observe son ami dont le sourire le submerge. La joie. Oui, bien sûr. La musique.

L'amitié, la joie, la musique. Comment trouver le lien, la nature du lien. Mais pourquoi chercher à comprendre, après tout. Cependant quelque chose lui échappe, qui demeurera insaisissable. Du moins pour nous, qui ne sommes ni avec eux, ni au cœur de la musique.

L'un d'eux, peu importe lequel, se lève et va ouvrir la fenêtre. Il pleut. Les gouttes sont larges, tièdes. Elles frappent le sol comme des doigts sur un tambour. La musique qui se déverse. « Tu entends ? Tu entends ? » Partout, la musique. Eux debout devant la fenêtre, riant. Leurs rires aussi sont la musique.

*

Puis les revoilà assis. Leurs regards sont devenus vifs, brillants. Montent les odeurs chaudes du sol mouillé. Encore plus de pénombre. La pluie plus brutale, drue, délivrante.

« J'avais cru te perdre », dit-il soudain. « Ton amitié : lointaine, comme effacée. À ce moment-là j'ai presque voulu mourir. » Un temps. La pluie. Ils écoutent la pluie. « C'était idiot. » Il croise les bras. Soupire. « Confusion, illusion. Je ne savais plus. Ça me faisait peur. »

Ils se regardent avec une intensité qu'ils mesurent à peine. « Cette amitié était la seule vraie joie que j'avais jamais connue. La seule. Une joie que tu m'apportes toujours. Je ne sais pas comment. Ce qui n'a aucune importance. »

Pendant un moment il n'y a que la pluie. Plus un mot. Ils ont fermé les yeux. Se laissent bercer. Au fond d'eux-mêmes il y aurait cette crainte : la mort de la musique. Mais elle continue de dérouler ses méandres, toujours plus profonde, toujours plus vaste.

*

La pluie mourant jusqu'au silence. Il va falloir qu'il parte. Des heures déjà qu'ils sont ensemble, à partager la musique. Le crépuscule s'achève, extinction douce de la lumière. Mais pas de la musique. Elle du moins ne s'éteindra pas.

Ils vont donc se séparer, après une brève étreinte, non sans avoir hésité. Mais le silence est retombé entre eux, le silence des mots. Aussi vaut-il mieux qu'ils se quittent maintenant, tant que le mutisme ne pèse pas. Tout juste restent-ils un temps debout l'un face à l'autre, sans savoir exactement quoi faire.

Puis il murmure : « Merci. Mille et mille fois merci. » « Non, non », répond l'autre. « C'est à moi maintenant de te remercier. » Une pause. « Je crois que d'autres aussi vont avoir à le faire », ajoute-t-il. « Je ne sais pas pourquoi, mais je le crois. » Il pense : la musique, ce doit être la musique. Mais il ne le dit pas, se contente de sourire, voudrait l'étreindre de nouveau, se ravise.

Enfin il sort. La tiédeur. La tiédeur apaisée, sans un souffle de vent. Les bruits paraissent plus proches. Les odeurs plus vives. La nuit elle-même semble changée. Plus, comment dire ? Plus transparente ? Ce n'est pas exactement cela. Mais quelle importance. Désormais il y a la musique. Il est la musique. La musique est autour de lui, partout. La musique qu'il répand sur son chemin, qu'il fait foisonner. La musique qui croît toujours, s'opposant aux ténèbres, à la nuit. Tout en marchant, il pense à elle, lui offre des paroles à sa mesure, et parsème le silence de ses éclats de rire.